Hanna Ehlert | Ulla Beushausen

Erfolgreiche Sprachförderung in der Kita

Ein Ratgeber für pädagogische Fachkräfte

RATGEBER

für Angehörige, Betroffene und Fachleute

Hanna Ehlert | Ulla Beushausen

Erfolgreiche Sprachförderung in der Kita

Ein Ratgeber für pädagogische Fachkräfte

Das Gesundheitsforum

Schulz-Kirchner Verlag

Bibliografische Information der Deutschen Nationalbibliothek
Die Deutsche Nationalbibliothek verzeichnet diese Publikation in der Deutschen Nationalbibliografie; detaillierte bibliografische Daten sind im Internet über http://dnb.d-nb.de abrufbar.

Besuchen Sie uns im Internet: www.schulz-kirchner.de

1. Auflage 2014
ISBN 978-3-8248-1177-9
eISBN 978-3-8248-0963-9

Mollweg 2, D-65510 Idstein
Vertretungsberechtigte Geschäftsführer:
Dr. Ullrich Schulz-Kirchner, Nicole Haberkamm
Umschlagfoto: © contrastwerkstatt – Fotolia.com
Fachlektorat: Dr. Christiane Lücking
Lektorat: Doris Zimmermann
Umschlagentwurf und Layout: Petra Jeck/Susanne Koch
Druck und Bindung: TZ-Verlag & Print GmbH, Bruchwiesenweg 19
64380 Roßdorf b. Darmstadt
Printed in Germany

Inhalt

| Einleitung

Die Auseinandersetzung mit dem Erwerb von Sprache und die Förderung sprachlicher Kompetenzen bei Kindern sind deutschlandweit in den Bildungsplänen als Aufgabe der pädagogischen Fachkräfte ausgewiesen. Dem Bereich „Kommunikation und Sprache" wird deshalb so große Bedeutung beigemessen, weil der schulische und berufliche Erfolg unserer Kinder davon abhängt. Die Kita wird damit zum Ort der sprachlichen Bildung.
Doch Sprachförderung und -bildung beginnen nicht erst dann, wenn ein Kind sprachliche Auffälligkeiten zeigt. Sprachförderung sollte von Beginn an, also bereits dann, wenn ein Kind in die Kindertageseinrichtung kommt, stattfinden.
Hierbei kommt es nicht allein auf die Kenntnis von Programmen zur systematischen Sprachförderung an, sondern vor allem auch auf die Fähigkeit, die Unterstützung des Spracherwerbs in den Alltag zu integrieren.
Kinder brauchen zur Erweiterung ihrer kommunikativen Fähigkeiten Erwachsene, die bereit sind, in einen Dialog mit ihnen zu treten. Dies kann in allen Situationen geschehen, in denen sich pädagogische Fachkraft und Kind intensiv einander zuwenden können, z. B. beim Wickeln, beim Füttern, beim An- und Ausziehen, in Spiel- und Gruppenaktivitäten. Pädagogische Fachkräfte sollen dazu ermuntert werden, ihr Sprachverhalten zu reflektieren, bewusst zu variieren und zielgerichtet die sprachlichen Kompetenzen der ihnen anvertrauten Kinder anzuregen.
Der Ratgeber gibt im ersten Teil einen Überblick über die normale Sprachentwicklung bei ein- und mehrsprachigen Kindern, erklärt die verschiedenen Arten von Sprachstörungen, gibt Hinweise, wie man sie erkennt, und erläutert den Unterschied zwischen Sprachförderung und Sprachtherapie. Der zweite Teil stellt Sprachförderprogramme und Verfahren zur systematischen Sprachstandserhebung vor und gibt eine Einschätzung ihrer Anwendbarkeit im Elementarbereich. Anschließend werden die Prinzipien einer alltagsorientierten Sprachförderung dargelegt, Förderbereiche aufgezeigt und auf Formen der Elternarbeit zur Stärkung der Erziehungskompetenz eingegangen. Spielanregungen, (Fall-)Beispiele und Praxistipps sollen die Umsetzung im Alltag der Einrichtungen veranschaulichen.

Hanna Ehlert, Ulla Beushausen
Hannover und Nürnberg

| Teil 1: Spracherwerb und Sprachstörungen

Wie lernen Kinder sprechen?

Der Spracherwerb vollzieht sich in erstaunlicher Geschwindigkeit hauptsächlich in den ersten vier Lebensjahren. Ist Deutsch die Muttersprache, ist dies der Erwerb von circa 40 Sprachlauten und eines Wortschatzes zwischen 5000 (Grundwortschatz) bis zu 50.000 Wörtern (bei Erwachsenen), aus denen sich später unendlich viele Sätze bilden lassen. Dabei sprechen Kinder nicht einfach das Gehörte nach, sie lernen die Gesetzmäßigkeiten ihrer Sprache, die sogenannten Sprachregeln. Schon im Mutterleib beginnt das Kind seine Umgebung wahrzunehmen, z.B. Geräusche und Sprachlaute. Das Kind erwirbt die Sprache(n), die es in seiner Umgebung hört und die von seinen Bezugspersonen gesprochen werden. Obwohl die Fähigkeit, Sprache zu erwerben, angeboren ist, ist daher die **Kommunikation,** also der Austausch zwischen Erwachsenen und Kindern, eine unabdingbare Voraussetzung eines gelungenen Spracherwerbs. Dies geschieht nicht nur durch Wörter und Sätze, sondern auch durch Gestik, Mimik, Stimmklang, Blickkontakt usw. Erwachsene verfügen dabei über eine angeborene Fähigkeit, auf die Kommunikationsversuche ihrer Kinder einzugehen, das sogenannte „Mutterisch". Tabelle 1 zeigt Strategien von Kindern und Erwachsenen im Spracherwerb.

Tab. 1: Strategien im Spracherwerb bei Kindern und Bezugspersonen

Kinder	Bezugspersonen
Sie imitieren ihre Bezugspersonen, d.h., sie sprechen Wörter oder Floskeln nach oder ahmen deren Gesten nach.	Sie wiederholen Wörter und Sätze häufiger.
Sie bilden neue Wörter oder Satzkonstruktionen: z.B. „Tankung" anstelle von Tankstelle oder „mit ohne Sahne, bitte!"	Sie sprechen mit größerer Betonung und heben wichtige Wörter dabei hervor, halten Blickkontakt.
Sie wiederholen häufig Wörter oder Sätze und beobachten die Reaktion der Umwelt darauf.	Sie sprechen mit höherer Stimmlage und deutlicher.
Sie fragen viel oder zeigen und fordern damit zu Kommunikation – zu Erklärungen und Korrekturen auf.	Sie passen die Komplexität und Länge ihrer Sätze dem jeweiligen Entwicklungsstand des Kindes an.

Sprachentwicklungsmodelle

Erklärungen, warum Kinder so schnell und perfekt sprechen lernen, gibt es auf zwei Ebenen: als Folge angeborener kindlicher Einflüsse und/oder umweltbedingter Faktoren. Im **Nativismus** wird der Spracherwerb als angeborene Fähigkeit des Kindes gesehen und im **Kognitivismus** als Folge von Hirnreifung und fortschreitenden mentalen Verknüpfungsprozessen. Der **Behaviorismus** definiert Spracherwerb als Ergebnis von gelungener Nachahmung und Verstärkung durch die Umwelt. Der **Interaktionismus** stellt soziales Interagieren zwischen Bezugspersonen und Kind in den Mittelpunkt, während aus Sicht des **Funktionalismus** das Kommunikationsbedürfnis des Kindes die treibende Kraft im Spracherwerb darstellt.

Keiner dieser Erklärungsansätze vermag allein den Spracherwerb hinreichend zu erklären. Man geht inzwischen davon aus, dass alle Faktoren zusammenspielen. Die Gewichtung der einzelnen Aspekte ist allerdings noch ungeklärt. Für das Vorhandensein angeborener Faktoren spricht, dass ein Kind jede beliebige Sprache lernen kann – und zwar in einem Alter, in dem es kognitiv zu den notwendigen komplexen Anforderungen noch nicht in der Lage ist. Zudem verläuft der Spracherwerb bei allen Kindern in vergleichbaren Phasen, einige Spracherwerbsprozesse lassen sich auch nicht allein auf den Input zurückführen. Für die Existenz umweltbedingter Faktoren spricht, dass Kinder ohne sprachlichen Input nicht adäquat sprechen lernen. Ein Spracherwerbsmodell muss sich daran messen lassen, wie es die Spracherwerbsprozesse einzelner Kinder erklären und voraussagen kann (Szagun, 2013).

Für den Spracherwerb sind notwendig:

- Angeborene Fähigkeiten des Kindes
- Kognitive Reifung
- Möglichkeit zur Nachahmung und Verstärkung durch die Umwelt
- Möglichkeit zu sozialen Interaktionen
- Erkennen der kommunikativen Funktion von Sprache

Sprache im Rahmen der Gesamtentwicklung

Die Sprache des Kindes entwickelt sich also auf der Grundlage angeborener Fähigkeiten und kultureller Gegebenheiten. Den Rahmen für alle Spracherwerbsprozesse bilden familiäre Einflüsse und sprachliche Anregung. Innerhalb der Umgebung, in die das Kind geboren wird, muss es sich zunächst sensorisch, emotional und geistig entwickeln, um parallel dazu Sprache zu erwerben. Das Kind ist eingebettet in seine Lebensumwelt, die auch den Gebrauch von Sprache formt. Tabelle 2 zeigt die verschiedenen Bereiche der kindlichen Entwicklung, die im Rahmen eines gelungenen Spracherwerbs integriert werden müssen (Wendlandt, 2010).

Tab. 2: Sprachentwicklung im Rahmen der Gesamtentwicklung

Kindliche Entwicklung					
Senso-motorische Entwicklung				**Sozial-emotionale Entwicklung**	**Kognitive Entwicklung**
Hören/ auditive Wahrnehmung	**Sehen/ visuelle Wahrnehmung**	**Fühlen/ Tastsinn Riechen/ Schmecken**	**Motorik**	**Bindung/ Interaktion**	**Denken**
▪ Erste Höreindrücke ab 3 Monate vor Geburt ▪ Ab dem 6. Lebensmonat beginnen Kinder (Sprach-) Laute nachzuahmen	▪ Entdecken der Umwelt ▪ Kinder schauen sich die Mundbilder von Lauten beim Sprechen ab und versuchen sie nachzuahmen ▪ Konzept- und Begriffsbildung	▪ Fühlen mit Zunge und Lippen ▪ Erspüren von Kräften bei Bewegungen und von Muskelspannungen ▪ Riechen und Schmecken als Teil der Exploration von Gegenständen und der Begriffsbildung	**Grobmotorik** ▪ (Krabbeln, Laufen etc.) Ermöglicht dem Kind, den Zugriffsradius auf Dinge zu erweitern **Feinmotorik** ▪ Durch Greifen lernt das Kind auch die Spannungszustände der Mundmuskulatur zu kontrollieren	▪ Qualität der zwischenmenschlichen Begegnungen des Säuglings mit seinen Bezugspersonen ▪ Grundhaltung zur Umwelt	▪ Hirnreifung, Zunahme geistiger Fähigkeiten ▪ Besonders bedeutsam für die Sprachentwicklung sind das Wiedererkennen, das Erinnern, die Unterscheidungsfähigkeit und das Verstehen von Mimik und Gestik
Senso-motorische Integration Das Kind kann erst dann Sprache störungsfrei erwerben und beherrschen, wenn es die oben genannten Fähigkeiten und Entwicklungsprozesse miteinander verknüpfen kann.					

Sprechen bedeutet, Beziehungen zu anderen Menschen herzustellen und zum sozialen Kontakt fähig zu sein; das Kind muss die Möglichkeit haben, sich **sozial-**

emotional günstig zu entwickeln, um Sprechen als Hinwendung zur Welt zu erlernen. Die Eltern-Kind-Bindung ist maßgebend für das Gefühlsleben eines Menschen und dessen spätere Interaktions- und Beziehungsmuster. **Hören/auditive Wahrnehmung** stellt eine notwendige Anregung für den Fortgang der Sprachentwicklung dar. **Sehen/visuelle Wahrnehmung** ist wichtig für eine altersgemäße Bedeutungsentwicklung und die Artikulation, insbesondere in Kombination mit **Tastsinn** und Bewegungsempfindung (kinästhetische und propriozeptive Wahrnehmung). **Riechen** und **Schmecken** unterstützen als Wahrnehmungskanäle ebenfalls das Sprechenlernen im Rahmen der Begriffsbildung. Anregungen der geistigen – also **kognitiven – Entwicklung** eines Kindes wirken sich günstig auf die Sprachentwicklung aus. Die Entwicklung der **Grob-** und **Feinmotorik** ist schließlich Voraussetzung für zielgerichtete, willentlich gesteuerte Lippen- und Zungenbewegungen.

Sprechfreude ist eine wichtige Voraussetzung für eine gelungene aktive Kommunikation des Kindes. Durch Neugier und Interesse des kleinen Kindes an seiner Umwelt und durch zwischenmenschliche Kontakte entwickelt sich schließlich das Sprachverständnis.

Meilensteine der Sprachentwicklung

Jedes Kind erreicht im Laufe seiner sprachlichen Entwicklung sogenannte Meilensteine. Begleitend zu diesen Meilensteinen der produktiven Sprachentwicklung entwickelt sich das **Sprachverständnis.** Es ist der aktiven Sprachproduktion stets voraus; das Kind kann also aufgrund des Gehörten Handlungen ausführen (ab ca. 1 Jahr), bevor es sie selbst in Worte fassen kann. Die Fähigkeit, Sprache zu verstehen, erwerben Kinder über Verständnisstrategien. Zunächst nutzen sie die sogenannte Schlüsselwortstrategie, d. h., einzelne Wörter und Hinweise aus der konkreten Situation werden zum Sprachverstehen herangezogen. Die Anzahl der Wörter, die das Kind versteht (passiver Wortschatz), ist immer wesentlich größer als der Wortschatz, den das Kind benutzt (aktiver Wortschatz).
Die Reihenfolge der Schritte in der Sprachentwicklung, die die meisten Kinder durchlaufen – allerdings mit großen Unterschieden bei den Kindern hinsichtlich des Zeitpunktes des Erreichens –, sind:

- Schreien: ab Geburt
- Gurren/Lallen: 6 Monate bis 1 Jahr
- Protowörter/Wörter: ab ca. 1 Jahr

- Zweiwort- und Mehrwortäußerungen: ab ca. 2 Jahren
- Grammatische Elemente des Haupt- und Nebensatzes: ca. 3-4 Jahre
- Erzählfähigkeit: ab 3-4 Jahren
- Schriftspracherwerb: ab ca. 5 Jahre

Schreien: Das Schreien – als erster Ausdruck von Kommunikation – gewinnt für Bezugspersonen schnell an Bedeutung, der Säugling lernt dadurch, dass Schreien Reaktionen seiner Umwelt bewirkt und er so mit ihr in Kontakt treten kann. Erste zwischenmenschliche Beziehungen entwickeln sich.

Lallen: Alle Kinder durchlaufen im ersten Lebensjahr sogenannte Lallphasen mit Jauchzen, Gurren, der Verknüpfung von Lauten und der Produktion von mehr Lauten, als es in der jeweiligen Muttersprache gibt. Ab dem zweiten Monat versuchen sie sich mit „ngä" o. Ä. verständlich zu machen. Ab dem vierten, fünften Monat produzieren Babys erste silbenartige Lautfolgen, wie „dadada" oder „gagaga", und versuchen ihnen Melodien zu verleihen. So „üben" sie Lautmuster und Tonfall und empfinden Vergnügen beim Auslösen und Ausprobieren von taktilen Reizen im Mund- und Lippenbereich, die die Lautproduktion begleiten.

Protowörter/Wörter: Protowörter sind wortähnliche Eigenschöpfungen der Kinder, die aber bereits eine konstante, wiederkehrende Bedeutung besitzen (z. B. „Mam" für Essen). Die Mehrheit der Kinder benutzt die ersten echten Wörter zwischen 12 und 18 Monaten. Die Altersspanne ist dabei besonders groß und kann bei einzelnen Kindern zwischen 9 und 30 Monaten variieren. Bis zum zweiten Geburtstag wächst der Wortschatz der meisten Kinder auf über 50 Wörter an. Ungefähr 50 verschiedene Wörter scheinen die kritische Grenze für das Erreichen des nächsten Entwicklungsschritts zu sein, eines rapiden Anstiegs des Wortschatzes **(Wortschatzspurt)** und der ersten Sätze. Aktiver und passiver Wortschatz wachsen danach stetig an.

Zweiwort- und Mehrwortäußerungen: Die ersten Einzelworte des Kindes sind zugleich Sätze (Einwortäußerungen), so kann z. B. „Mama" je nach Stimmklang, Mimik, Gestik und Situation etwas anderes bedeuten. Dann folgen Zwei- und Mehrwortäußerungen („Papa Auto!"), das Kind beginnt Sätze zu bilden. Zunächst reihen Kinder die Wörter lediglich aneinander und lassen Satzteile aus, z. B.: „Paula auch Hause kommt". Zunehmend werden aber die Regeln der Sprache erkannt, gemerkt und angewendet.

Grammatische Elemente des Haupt- und Nebensatzes: Die kindlichen Äußerungen enthalten mit steigendem Alter immer mehr Satzbestandteile und später auch Nebensatzkonstruktionen (Beispiel: „Ich ziehe die Hose aus, *weil sie* *schmutzig ist*"). Das Kind erwirbt die grammatischen Regeln, wie die veränderbare Verbstellung in verschiedenen Satztypen (Beispiel Aussage – Frage: „Ich *gehe* nach draußen." „*Gehst* du auch nach draußen?") oder die aufeinander bezogene Veränderung der einzelnen Satzkomponenten (Beispiel Subjekt-Verb-Kongruenz: „*Ich* gehe nach draußen." „*Du* geh*st* auch nach draußen.").

Erzählfähigkeit: Die Fähigkeit, durch sprachliche Formen die Struktur einer Geschichte zu markieren (z. B.: Einstieg, Höhepunkt und Abschluss) und Zusammenhänge deutlich zu machen, nennt man Erzählfähigkeit. Dazu gehört auch, sich auf den Interaktionspartner einzulassen und seine Perspektive einzunehmen. In der Erzählung vermittelt das erzählende Kind seine Vorstellungen, Gefühle und Sichtweisen der Welt.

Die Struktur einer Erzählung wird von Hausendorf & Quasthoff (1996) folgendermaßen dargestellt:

- Interesse wecken (Relevanz des Inhalts)
- Ankündigen der Erzählung
- Inhalte elaborieren und dramatisieren
- Inhaltlicher und formaler Abschluss
- Überleitung zur nächsten Aktivität

Die Entwicklungsstufen der Erzählfähigkeit im kindlichen Spracherwerb zeigt Tabelle 3.

Tab. 3: Entwicklung der Erzählfähigkeit (adaptiert nach Schelten-Cornish, 2008)

Alter	Struktur	Beispiel
Vorstufe mit 2-3 Jahren	▪ Benennen von Dingen, Ereignissen, Handlungen ▪ Unverbundene Kombination von Wörtern ▪ Thema schwer erkennbar	Papa, Mama bum
3-4 Jahre	▪ Thema wird erkennbar ▪ Einzelne, lückenhafte Teile einer Geschichte	Tina war da. Dann ... Dann ... haben wir ...
5-7 Jahre	▪ Vollständige Geschichten mit Problembeschreibung, -lösung und Folge ▪ Logische Weiterentwicklung ▪ Nebensätze mit *weil, dass* usw.	Das Auto war kaputt, weil ...
	Bei älteren Kindern mit: ▪ Interner Reaktion (Gefühlsausdruck) und ▪ Abschluss der Geschichte	z. B.: ▪ Wir hatten Angst, zu spät zu kommen. ▪ Jetzt haben wir einen Leihwagen.

Mit fünf Jahren kann ein Kind bereits ganze Geschichten erzählen, manchmal fehlen jedoch noch Informationen zu den Rahmenbedingungen einer Handlung, also wer wo wann was getan hat. Während mit fünf Jahren der Laut- und Grammatikerwerb weitestgehend abgeschlossen ist, kann sich die Erzählfähigkeit lebenslang vervollkommnen.

Schriftsprache: Der nächste Schritt in der allgemeinen Sprachentwicklung sind schriftsprachliche Fähigkeiten, da sie auf den Sprachfähigkeiten des Kindes aufbauen. Durch Schriftspracherwerb entwickelt sich die Fähigkeit, Laute und Lautverbindungen differenziert wahrzunehmen, die sicht- und hörbaren Unterschiede (visuelle und auditive Diskrimination) zu erkennen und aus Vorstellungen Worte zusammenzusetzen. Wahrnehmungs- und Differenzierungsfähigkeit (phonologische Bewusstheit) und die Sprechmotorik müssen gut entwickelt sein, um Schriftsprache erfolgreich zu erlernen.

Hörbeispiele zum normalen kindlichen Spracherwerb in den einzelnen Lebensjahren finden Sie auf der Homepage des dbl unter: http://www.dbl-ev.de/kommunikation-sprache-sprechen-stimme-schlucken/normale-entwicklung/sprach-und-sprechentwicklung.html?

Erwerbsverläufe auf den sprachlichen Ebenen Wortschatz, Grammatik und Aussprache

■ Wortschatz

Der Worterwerb kann – je nach Kind – linear oder in Schüben erfolgen und ist von großer individueller Variation. Die Art des Zuwachses wird maßgeblich durch die von den Kindern bevorzugten Wörter bestimmt. Es gibt „referentielle" Kinder, bei denen 50 % der Wörter Nomen sind, und „pronominale" Kinder, bei denen Nomen weniger als 50 % des Wortschatzes ausmachen und der größte Teil aus Funktionswörtern, Routinen und stereotypen Ausdrücken besteht. Typische Wörter zu Beginn sind Nomen, wie z. B. *Auto, Teddy, Ball,* personal-soziale Wörter, z. B. *ja, nein, hallo,* relationale Wörter, z. B. *da, auch, auf, weg* und Lautmalereien wie *wau-wau.*

Schließlich kommen auch Verben, Funktionswörter und Partikel hinzu (Bsp.: auf, ab, weg) sowie Adjektive (Bsp.: klein, groß, heiß, kaputt). Bei den Verben sind die ersten Wörter Aktionswörter (Bsp.: kommen, gehen, essen, laufen). Beträgt der Wortschatz zwischen 200 und 300 Wörter, nehmen die Fortschritte im Grammatikerwerb sehr stark zu.

Tab. 4: Entwicklung des Wortschatzes

Alter	Wortschatz	Wortarten	Beispiele	Bedeutungsentwicklung
Ca. 9–18 Monate	Erste Wörter	Vorwiegend Substantive und Funktionswörter, Lautmalereien	Auto, Ball, auf, da brum-brum	Wort bezeichnet oder bezieht sich auf prototypische und sichtbare Objekte
Ca. 16–24 Monate	Zunahme des Wortschatzes bis auf 50 Wörter	Verben, Adjektive	Fahren, groß	Fehler bei der Begriffsbildung sind noch typisch: z. B. Kuh für alle großen Tiere oder Kuh nur für eine einzige Kuh
Bis ca. 30 Monate	Wortschatzspurt	Starke Zunahme aller Wortarten, Pronomen, Artikel	Ich, Du, der, die, das	Begriffe differenzieren sich aus, Oberbegriffe können gebildet werden: (Apfel und Birne sind Obst)

■ Grammatik

Der Erwerb der Satzstrukturen bei Kindern ist mittlerweile gut dokumentiert (Clahsen & Penke, 1992). Es werden dabei verschiedene Phasen unterschieden (Tab. 5):

Tab. 5: Entwicklung der Grammatik

Phasen der Grammatikentwicklung in Anlehnung an Clahsen (1986)
1. Phase: 12–18 Monate alte Kinder ▪ überwiegend Einwortäußerungen
2. + 3. Phase: 18–24 Monate alte Kinder ▪ Kombination einfacher Elemente, einfache Verben, meist Inhaltswörter bzw. Vollverben. Das Verb steht zunächst am Ende des Satzes (Verbendstellung): „Mama Ball rollen."
4. Phase: 30–36 Monate alte Kinder ▪ in den meisten Fällen ist die Verbstellung jetzt korrekt (Verb-Zweitstellung): „Papa spielt (spielen) Ball." ▪ durchschnittliche Äußerungslänge steigt stark und schnell an ▪ nun auch grammatische Funktionswörter ▪ erste morphologische Formen (Artikel, Mehrzahl)
5. Phase: 36–42 Monate alte Kinder ▪ Nebensätze ▪ Ausbau der Fälle (Dativ, Akkusativ)

■ Aussprache

Tab. 6: Lautentwicklung im Spracherwerb

Alter	Laut
Ca. 1;6	m, n, b, d, t
Ca. 2;0	p, f, w, l
Ca. 2;6	ch2 (wie in Buch), g, k, h, pf, r, s
Ca. 3;0	J, ng
Ca. 4;0	ch1 (wie in ich)
Ca. 4;6	sch

Kinder erwerben schrittweise die Laute ihrer Sprache. Ein Laut (Phon) gilt als erworben, wenn er im Lautbestand des Kindes enthalten ist und vom Kind willentlich korrekt gebildet werden kann. Tabelle 6 gibt einen Überblick darüber, in welchem Alter 90% der Kinder bestimmte Laute erworben haben (Fox, 2011).

Sprachentwicklung bei Mehrsprachigkeit

Der Erwerb mehrerer Sprachen im Kindesalter stellt an sich keine Hürde für die Sprachentwicklung dar. Kinder, die mehrsprachig aufwachsen, tun dies aber nicht alle auf dieselbe Weise. Es gibt viele Einflussfaktoren, wie Alter beim Spracherwerb, Kontaktdauer mit den Sprachen oder die Qualität des sprachlichen Inputs, die keine mehrsprachige Entwicklung der anderen gleichen lassen. Meist bilden sich letztendlich eine starke und eine schwache Sprache aus, wobei die Umgebungssprache (bei uns Deutsch) häufig die besser beherrschte Sprache ist. Man unterscheidet grob zwei Erwerbstypen:

Gleichzeitig: Simultaner Zweitspracherwerb

Einige Kinder kommen schon von Geburt an mit beiden Sprachen in Kontakt, meist nach dem Prinzip „eine Person – eine Sprache", wenn z.B. der Vater polnischer Herkunft ist und die Mutter Deutsche und beide in ihrer jeweiligen Erstsprache mit dem Kind sprechen. Kinder, die so aufwachsen, durchlaufen in beiden Sprachen ähnliche Entwicklungsschritte wie einsprachige Kinder.

Nacheinander: Sukzessiver Zweitspracherwerb

Häufig kommen aber auch Kinder in die Betreuungseinrichtung, die bis zu ihrem dritten Geburtstag noch gar keinen (oder sehr wenig) Kontakt mit der deutschen Sprache hatten. Diese Kinder haben also schon einen Vorsprung in der Sprachentwicklung ihrer Erstsprache und erwerben das Deutsche jetzt hauptsächlich außerhalb ihres familiären Umfeldes, z.B. in der Kita. Die Entwicklungsverläufe dieser Kinder sind sehr unterschiedlich mit großer zeitlicher Varianz. Verallgemeinerungen sind deshalb nur schwer möglich. Oft verwenden sukzessiv mehrsprachige Kinder zunächst ihre Erstsprache in der Einrichtung, bemerken dann, dass sie nicht verstanden werden und selbst nichts verstehen, und verstummen erst einmal. Nun folgt eine mehr oder weniger lange Phase, in der sie sich relativ wenig äußern. Langsam beginnen sie dann, das Deutsche in bestimmten Routinesituationen in auswendig gelernten Sätzen oder Satzteilen zu verwenden. Irgendwann kommt es zu einem durchgängigen Gebrauch der deutschen Sprache in der Einrichtung.

Besonderheiten im mehrsprachigen Spracherwerb

Typisch für mehrsprachig aufwachsende Kinder (simultan und sukzessiv) ist eine Asynchronität des Spracherwerbs. Damit ist gemeint, dass die sprachliche Entwicklung in der einen Sprache manchmal schneller als in der anderen voranschreitet. Der Spracherwerb mehrsprachig aufwachsender Kinder verläuft jedoch in der Regel insgesamt nicht langsamer als der von einsprachig aufwachsenden Kindern. Ganz im Gegenteil, sukzessiv mehrsprachig aufwachsende Kinder erwerben die Zweitsprache deutlich schneller als die Erstsprache. Lediglich um ein abstraktes und komplexes Sprachniveau in der Umgebungssprache zu erreichen (wie es in der Schule gefordert wird), benötigen sie teilweise etwas länger als einsprachige Kinder.

Die Sprachen können sich gegenseitig im Erwerbsprozess beeinflussen (Interferenzen). Manche Kinder wenden dann z. B. grammatische Regeln der einen auf die andere Sprache an. Dies kann im Deutschen als Zweitsprache zu ganz typischen Fehlern führen, z. B. einem falschen Gebrauch von Artikeln oder einer falschen Wortstellung im Satz. Solche durchaus üblichen Übertragungen sollten jedoch nicht mit einer Sprachentwicklungsstörung verwechselt werden.

Ein weiteres typisches Phänomen für mehrsprachige Sprecher, wenn sie sich untereinander austauschen, sind Sprachmischungen. Dabei wechseln die Kinder schnell zwischen den Sprachen hin und her oder kombinieren Wörter unterschiedlicher Sprachen, die sie erwerben, sogar innerhalb einer Äußerung. Dies kann mehrere Gründe haben: Es kann sein, dass das Kind ein bestimmtes Wort in einer Sprache noch nicht erworben hat und deshalb das entsprechende aus der anderen Sprache nutzt, oder das Wort existiert in dieser Bedeutung gar nicht in der Sprache und wird deshalb aus der anderen Sprache „geborgt". Die Phänomene der Sprachmischung sind aber nicht als Schwäche, sondern eher als Kompetenz mehrsprachiger Sprecher anzusehen: Sie nutzen beide Sprachen, um sich adäquat auszudrücken, und wissen auch immer, mit welchem Gesprächspartner sie Sprachen mischen können und mit wem nicht.

Bausteine eines erfolgreichen (sukzessiven) Zweitspracherwerbs

Der Erwerb der Zweitsprache basiert auf wichtigen Voraussetzungen, die denen des Erstspracherwerbs ähnlich sind.

Gute Kenntnisse der Erstsprache

Man weiß heute um die Bedeutung des sicheren Erstspracherwerbs als Basis für den Erwerb jeder weiteren Sprache. Deshalb sollten die Eltern motiviert und bestärkt werden, mit ihrem Kind in ihrer Erstsprache zu sprechen und Sprachförderung zu betreiben. Dazu gehört zunächst eine sprachanregende Umwelt im Allgemeinen: Alltagssituationen werden sprachlich begleitet und als Gesprächsanlässe genutzt. Geschichten erzählen, Vorlesen und Lieder singen in der Erstsprache gehören genauso dazu.

Genügend Input in der Zweitsprache (Deutsch)

So wichtig wie die Stärkung der Erstsprache ist natürlich ein ausreichender Kontakt mit der Umgebungssprache. Die Eltern sind also aufgefordert, dafür zu sorgen, dass ihre Kinder sich auch an Orten aufhalten, wo deutsch gesprochen wird. Das kann z. B. in Vereinen, Gruppen oder auf dem Spielplatz der Fall sein. In diesem Zusammenhang ist auch ein früher und regelmäßiger Besuch einer Kita für mehrsprachige Kinder besonders zu empfehlen.

Sprachen trennen

Eine Sprachtrennung im Alltag ist keine zwingende Voraussetzung, kann dem Kind jedoch die Sortierung der Sprachen im Erwerb erleichtern. Sprachen können personengetrennt (z. B. Vater: überwiegend türkisch, Mutter: überwiegend deutsch) oder ortsgetrennt (z. B. zu Hause: überwiegend die Erstsprache, außerhalb der Familie: überwiegend deutsch) angeboten werden. Die Verwendung aller in der Familie gesprochenen Sprachen sollte dabei immer natürlich bleiben und keine Sprachtrennung erzwungen werden (Scharff-Rethfeld, 2013).

Kommunikationsstörungen bei Kindern

Kinder, die ihre kommunikativen Fähigkeiten nicht voll entwickeln können, laufen Gefahr, von wichtigen Lebensbereichen ausgeschlossen zu sein. Dies betrifft insbesondere die Teilhabe an sozialen Interaktionen in der Kita und im Familienalltag. Sprachstörungen wirken sich negativ auf den Schulerfolg aus und können die berufliche Laufbahn beeinflussen (Whitehouse et al., 2009). Sprachstörungen können **angeboren** (z. B. im Rahmen einer Behinderung) oder **erworben** sein (z. B. als Folge einer Erkrankung oder eines Unfalls). Aber auch **sozio-kulturelle** Faktoren wie die Art und Intensität des sprachlichen Angebots im Umfeld des Kindes können eine Rolle spielen. Die **psycho-physiologische** Veranlagung des Kindes hat ebenfalls einen Einfluss. Hierzu gehören Wahrnehmungseigenschaften wie die Hör- und Wahrnehmungsfähigkeit, psychische Faktoren wie Sprechantrieb und Hemmungen und motorische Komponenten wie eine gut ausgebildete Gesichts- und Sprechmuskulatur. Wenn mehrere Bereiche gleichzeitig betroffen sind, handelt es sich um komplexe Kommunikationsstörungen. Sie sind oft Folgen angeborener (z. B. Behinderungen) oder erworbener (z. B. Schlaganfall) Erkrankungen. Man unterscheidet unterschiedliche Bereiche der Kommunikation, die beeinträchtigt sein können: die **Sprache** allgemein, das **Sprechen,** die **Stimme** und das **Schlucken.**

Welche Sprachentwicklungsstörungen gibt es?

Der Übergang zwischen einer normalen und gestörten Sprachentwicklung bei Kindern ist fließend und nicht immer leicht zu unterscheiden. Im medizinischen Bereich spricht man von einer **Verzögerung** der Sprachentwicklung und meint damit allgemein das Ausbleiben oder ein verlangsamtes oder fehlerhaftes Einsetzen der kindlichen Sprachentwicklung bis zum dritten Lebensjahr. Von einer **Störung** der Sprachentwicklung (SES) spricht man, wenn sich die Sprachfunktion auch nach dem dritten Lebensjahr nicht normal entwickelt. Eine SES kann auch im Rahmen von Behinderungen auftreten. Häufig liegt z. B. auch eine Hörstörung vor oder anhaltende Mittelohrentzündungen beeinträchtigen den Spracherwerb. Liegt keine erkennbare Ursache für eine SES vor, spricht man von einer **„umschriebenen Sprachentwicklungsstörung"** (USES). Sprachentwicklungsstörungen können die Kommunikation, das Sprachverständnis, den Wortschatz und die Laut-, Wort- und Satzbildung beeinträchtigen. Oft sind mehrere Bereiche gleichzeitig betroffen. Ca. 7–8 % aller Kinder im Vorschulalter sind von einer USES betroffen, egal ob sie einsprachig oder mehrsprachig aufwachsen.

> **!** Ein gutes Hörvermögen ist eine grundlegende Voraussetzung für den Spracherwerb.

Kinder mit einer Sprachentwicklungsstörung sind in hohem Maße gefährdet, im Schulalter eine Legasthenie zu entwickeln.

Tabelle 7 gibt einen Überblick über die Störungsebenen von Sprachentwicklungsstörungen und deren Symptome.

Tab. 7: Linguistische Ebenen bei Sprachentwicklungsstörungen

Sprachstörungen		
Ebene der Störung	**Symptome**	**Typische Beispiele**
Störung des Sprachverständnisses	Störung des Verstehens von Wörtern, grammatischen Formen und Satz- und Textbedeutungen	z. B. stereotypische Reaktionen des Kindes, wie immer mit „Ja" antworten, oder keine Reaktion
Störungen des Lauterwerbs (Phonologie)	Einzelne Laute oder Lautverbindungen fehlen entweder völlig, werden durch andere ersetzt oder falsch gebildet	z. B. Vierjährige, die nahezu unverständlich sind, oder Laute einzeln bilden können, aber falsch in Wörter einbauen
Störungen der Grammatik (Morphologie/Syntax)	Unfähigkeit, das morphologische und syntaktische Regelsystem der Muttersprache altersgerecht zu erwerben und/oder zu gebrauchen	z. B. Dreijährige, die das Verb an das Ende eines Satzes stellen: „Mama nach Hause gehen"
Störungen des Wortschatzes (Lexikon, Semantik)	Die Anzahl der verstandenen und produzierbaren Wörter ist eingeschränkt und/oder Bedeutungen werden nicht regelrecht erworben	z. B. Vierjährige, die häufig auf unspezifische Wörter wie „Dings", „tun" oder „so halt" zurückgreifen oder Probleme bei der Zuordnung von Wörtern zu Oberbegriffen (z. B. einzelne Obstsorten zu dem Begriff Früchte) haben
Störung der Pragmatik	Keine **situationsgerechte** Anwendung und Entschlüsselung von sprachlichen (Laute, Wörter, Sätze) und nicht-sprachlichen (Gestik, Mimik) Zeichen in der **Interaktion** (z. B. in einem Gespräch)	z. B. Vorschulkinder, die Probleme haben, ein Gespräch zu beginnen, aufrechtzuerhalten und zu beenden, oder jemanden adäquat zum Mitspielen aufzufordern
Störung der Erzählfähigkeit	Schwierigkeiten mit der zeitlichen und inhaltlichen Logik beim Erzählen von Geschichten	z. B. ein Vorschulkind, das von einem Kinobesuch erzählt, ohne dass die Zuhörer verstehen, wer mitkam, wann und wo der Besuch stattfand und welcher Film gesehen wurde

Ein verlangsamter Erwerb des Wortschatzes kann ein frühes Symptom für eine Sprachentwicklungsstörung sein. Diese Kinder nennt man bis zum dritten Lebensjahr **Late Talker:** späte Sprecher. Es ist aber auch möglich, dass das Kind den Rückstand in der Sprachentwicklung zwischen dem 2. und dem 3. Geburtstag aufholt. Diese Kinder nennt man dann **Late Bloomer:** Spätentwickler. Etwa die Hälfte aller Late Talker entpuppen sich als Late Bloomer, die andere Hälfte gilt später als sprachentwicklungsgestört.

Weitere Sprach-, Sprech-, Stimm- und Schluckstörungen

Bei Kindern können bis zum Schuleintritt weitere Kommunikationsstörungen auftreten, z. B. eine Beeinträchtigung des Redeflusses oder des Schluckens.

Stottern

Stottern ist eine Unterbrechung des Redeflusses, die sich in Wiederholungen einzelner Laute, Silben oder Wörter und/oder Dehnungen sowie Blockaden äußert. Es beginnt meist in der Phase des frühkindlichen Spracherwerbs. Stottern lässt sich nicht auf eine einzige Ursache zurückführen, sondern beruht meist auf der Kombination organischer und psychischer Faktoren. Letztere sind aber nicht primär für das Entstehen verantwortlich.

Wiederholungen, Dehnungen und Blockaden sind vor allem zu Beginn der Störung die auffälligsten Merkmale. Im Laufe der Zeit können sekundäre Symptome hinzukommen: Mitbewegungen von Armen oder Beinen, Verkrampfungen der Mimik, gestörter Atemfluss. Sie stellen misslungene Selbsthilfeversuche dar, mit denen das Kind auf das Unvermögen zu sprechen reagiert und die sich nach und nach zu einem automatischen Verhalten entwickelt haben. Zu diesen ungünstigen Bewältigungsstrategien gehören auch die Verwendung von Füllwörtern, häufig blitzschnelles Austauschen „schwieriger" Wörter, das Vermeiden von Sprechanlässen (Sprechangst) und in extremen Fällen der völlige sprachliche Rückzug. Viele Kinder sind im Laufe der Sprachentwicklung von Sprechunflüssigkeiten betroffen, die sich häufig von selbst verlieren, ohne zu einem Stottern zu werden. Wichtig ist jedoch, ein echtes Stottern frühzeitig zu erkennen. Tabelle 8 gibt Hinweise auf die Unterscheidung zwischen Unflüssigkeits- und Stottersymptomen (Sandrieser & Schneider, 2004).

Tab. 8: Normale Unflüssigkeit oder Verdacht auf Stottern?

Funktionelle Unflüssigkeiten	Stottersymptome
Wiederholungen von Mehrsilbern und Phrasen (und dann-und dann-und dann)	Wiederholungen von Lauten und Silben (Ba-Ba-Ball, B-B-Ball)
Langsame Wiederholung von Einsilbern (Ball-Ball-Ball)	Schnelle und unrhythmische Wiederholungen von Einsilbern
Interjektionen, Floskeln (äh-, eben, halt)	Verlängerungen von Lauten (hhhh-aben)
Pausen	Blockierungen vor oder in einem Wort
Keine Mitbewegungen, Atmung unauffällig	Mitbewegungen wie Verkrampfungen, Zuckungen, gestörte Atmung

Poltern

Poltern ist eine weitere Störung des Redeflusses, die charakterisiert wird von einer schnellen, unregelmäßigen, ruckhaften Sprechgeschwindigkeit, Lautverschmelzungen und Auslassungen von Silben und Wortteilen. Poltern ist keine psychische Störung, obgleich ungünstige familiäre und soziale Einflüsse die Symptomatik verstärken können.

Schluckstörungen/Störungen der Mundmotorik

Myofunktionelle Schluckstörungen können sich in einer Schwäche der Zungen-, Mund- und Gesichtsmuskulatur zeigen. Sie gehen oft mit einem fehlenden Mundschluss, Mundatmung, einem falschen Schluckmuster und Lautfehlbildungen einher. Eine gestörte Kau-, Beiß- und Schluckentwicklung, eine „verwaschene" Aussprache, Probleme bei der Bildung von Zischlauten wie /sch/ und /s/ sowie Zahn- und Kieferfehlstellungen können die Folge sein.

Weitere Kommunikationsstörungen

Weitere Störungen, die bei Kindern auftreten können, sind z. B. komplexe Störungen – wie Autismus, Hörstörungen, Rhinophonie, Auditive Verarbeitungs- und Wahrnehmungsstörungen, Mutismus, Sprachstörungen im Rahmen von Behinderungen, Lippen-Kiefer-Gaumensegel-Fehlbildungen – sowie erworbene zentrale Störungen, wie kindliche Aphasien und Dysarthrien oder zentrale Schluckstörungen. Ausführlich beschrieben sind diese Störungsbilder auf der Homepage des Deutschen Bundesverbandes für Logopädie:

Eine Übersicht zu allen Störungsbildern bei Kindern finden Sie unter http://www.dbl-ev.de/kommunikation-sprache-sprechen-stimme-schlucken/stoerungen-bei-kindern/stoerungsbereiche.html

Weitere Literatur zum Thema Sprachstörungen finden Sie im Anhang.

Ob wir bei einem Kind von einer Störung der Sprachentwicklung sprechen, hängt von seinem Lebensalter ab. Art und Umfang der Sprachstörungen können bei Kindern völlig verschieden aussehen. Kein besonderes Problem bereitet beispielsweise ein isoliert auftretendes Lispeln, eine Fehlbildung des S-Lautes. Völlig anders stellt sich eine Entwicklungsstörung dar, in der mehrere der oben beschriebenen Ebenen der Sprache betroffen sind. In einem solchen Fall bedarf es in der Regel intensiver therapeutischer Hilfen, um dieses Kind bis zum Schuleintritt so weit zu fördern, dass der Schulbesuch mit Erfolg verlaufen kann.
Auch Probleme im Redefluss können bei Kindern auftreten und sich zu einer Redeflussstörung verfestigen. Es handelt sich hierbei niemals um eine schlechte Angewohnheit, sondern sie können Anzeichen einer behandlungsbedürftigen Störung sein. Auch die Stimme eines Kindes kann betroffen sein. Diese Kinder sind dann dauerhaft heiser und „krächzen". Ob ein Kind normal entwickelt ist oder nicht, können Logopädinnen und Sprachtherapeutinnen in Zusammenarbeit mit Phoniatern, Kinderärzten, Hausärzten, Hals-Nasen-Ohren-Ärzten oder Kieferorthopäden beurteilen.

Warnsignale für Sprachentwicklungsstörungen

Bei einsprachigen Kindern:
Ein Hinweis auf eine mögliche Sprachentwicklungsstörung kann sein, wenn das Kind:

- mit einem halben Jahr verstummt und aufhört zu lallen,
- mit einem Jahr noch kein mehrsilbiges Lallen zeigt,
- mit zwei Jahren nur wenige Wörter spricht und noch keine Zweiwortäußerungen bildet (Papa weg, Ball da),
- mit drei Jahren noch unverständlich spricht und keine Mehrwortsätze bildet,
- mit vier Jahren mehrere Sprachlaute falsch bildet und viele Grammatikfehler macht,
- mit fünf Jahren noch nicht alle Sprachlaute richtig bildet oder viele Grammatikfehler macht (Suchodoletz, 2013).

Bei mehrsprachigen Kindern:

Bei mehrsprachigen Kindern tritt eine umschriebene Sprachentwicklungsstörung in *allen* erworbenen Sprachen auf. Aufgrund der Unterschiedlichkeit der Erwerbsverläufe mehrsprachiger Kinder ist es schwierig, genaue Aussagen darüber zu treffen, ab wann die Sprachentwicklung nicht mehr normal verläuft. Als grobe Hinweise für den Alltag können lediglich gelten:

- Beide (alle) Sprachen sind betroffen (möglicherweise in unterschiedlichem Ausmaß).
- Trotz durchgängigem Kontakt zum Deutschen von 1 bis 1 ½ Jahren (z.B. durch einen regelmäßigen Kita-Besuch) sind keine wesentlichen Verbesserungen im Deutschen zu erkennen (Scharff-Rethfeld, 2013).

Das Auftreten einer umschriebenen Sprachentwicklungsstörung bei einem mehrsprachig aufwachsenden Kind ist kein Grund, die mehrsprachige Erziehung aufzugeben. Sehr wohl braucht das Kind aber dann Sprachtherapie. Sprachförderung allein ist nicht ausreichend.

Außerdem sollten Eltern mit ihrem Kind (einsprachig oder mehrsprachig) immer dann einen Arzt aufsuchen, wenn:

- das Kind unflüssig spricht, Silben oder Laute wiederholt, Laute mit Anstrengung herauspresst;
- das Kind ständig den Mund auf hat, durch den Mund atmet, Speichelfluss zeigt, ungern feste Nahrung kaut, schnarcht;
- das Kind mit 5 Jahren noch „lispelt" oder die Zunge beim Schlucken und Sprechen zwischen, an oder durch die Zähne sichtbar ist.

| Teil 2: Sprachförderung in der Kita

Was versteht man unter Sprachförderung?

Methoden und Konzepte, die Kinder und Jugendliche in ihrem sprachlichen Entwicklungsprozess unterstützen, ihre Sprache zu beherrschen, nennt man **Sprachförderung.** Dabei sind verschiedene Konzepte und Methoden zu unterscheiden.

- **Alltagsintegrierte Sprachförderung** ist Bestandteil des Elementarbereichs. Sie kommt allen Kindern zugute und nicht nur solchen Kindern, die Defizite aufweisen. Alltagsintegrierte Sprachförderung bedeutet, dass die frühpädagogischen Fachkräfte sich in *allen* Situationen gegenüber *allen* Kindern sprachfördernd verhalten.
- **Sprachförderprogramme** richten sich dagegen meist an *bestimmte* Zielgruppen. Das können z. B. Vorschulkinder oder Kinder mit einem bildungsfernen oder Migrationshintergrund sein, die von einem Defizit in der Sprachentwicklung betroffen sein können, ohne jedoch eine Sprachstörung aufzuweisen. Je nach Struktur fördern diese Programme unterschiedliche sprachliche Fähigkeiten, wie z. B. die Wahrnehmung und Unterscheidung von Sprachlauten, den Wortschatz oder einen korrekten Satzbau: z. B. Papa fährt Auto.

Häufig wird auch der Begriff **„Sprachbildung"** als Aufgabe der Kindertagesstätte genannt. Dazu zählen dann alle Maßnahmen, die ein günstiges Umfeld zur sprachlichen Entwicklung eines Kindes schaffen, denn Sprachbildung sieht Sprache als unabdingbaren Teil der Persönlichkeitsentwicklung eines Kindes. Die Begriffe „Sprachförderung" und „Sprachbildung" werden nicht immer einheitlich verwendet. Der Unterschied liegt hauptsächlich in der Zielgruppe. Während sich alltagsintegrierte Sprachförderung und Sprachbildung an alle Kinder richten, sind die Adressaten von Sprachförderprogrammen Kinder, deren Entwicklungsstand einer (sprachlichen) Norm angeglichen werden soll.

Was ist Sprachtherapie?

Unter Sprachtherapie werden alle Maßnahmen zusammengefasst, die nach der Diagnose einer Kommunikationsstörung durchgeführt werden. Ziel einer therapeutischen Behandlung ist es, dem Kind möglichst optimale Entwicklungsbedingungen zu schaffen (Suchodoletz, 2013). Die Therapie umfasst dabei nicht nur die Verbesserung der sprachlichen Kompetenz, sondern kann auch die Unterstützung der äußeren Lebensbedingungen sowie die Behandlung von Begleitstörungen beinhalten. In der Regel werden sprachliche Fähigkeiten durch strukturiertes und wiederholendes Üben oder durch passgenaue Angebote in alltagsnaher natürlicher Kommunikation verbessert. Aber auch Fähigkeiten wie die Merkfähigkeit, die Wahrnehmung in allen Sinnesbereichen, Mund-, Grob- und Feinmotorik und das Wecken von Sprechfreude gehören zu den therapeutischen Zielen. Die Bezugspersonen eines Kindes werden dabei in die Behandlung mit einbezogen, z. B. als Ko-Therapeuten angeleitet, oder erhalten Tipps für Sprachförderung und Sprachübungen zu Hause.

Sprachförderung kann Sprachtherapie nicht ersetzen

Worin unterscheiden sich Sprachförderung und Sprachtherapie? *Sprachförderung* sorgt für gute Bedingungen dafür, dass Spracherwerb normal ablaufen kann. Sprachförderung ist für jedes Kind und kann von jedem durchgeführt werden, der mit dem Kind Kontakt hat.
Sprachtherapie ist mehr als Sprachförderung. Sie basiert auf fundiertem, in einer langjährigen Ausbildung zur Logopädin/Sprachtherapeutin erworbenem Fachwissen über gestörten Spracherwerb und dessen Diagnostik- und Therapiemethoden. Sprachtherapie wird nur von diesen entsprechend ausgebildeten Fachkräften im Gesundheitswesen durchgeführt und richtet sich an Kinder mit einer Sprachentwicklungsstörung. Sprachförderung allein kann keinesfalls eine gezielte Sprachtherapie für ein Kind mit einer Sprachentwicklungsstörung ersetzen.

Sprachstandserhebungen

Zu verschiedenen Zeitpunkten wird in unserem Gesundheits- und Bildungssystem der Sprachstand von Kindern erhoben, z. B. im Rahmen von Vorsorgeuntersuchungen der Kinderärzte (U-Untersuchungen) oder bei der Einschulungsuntersuchung. Mit den Sprachstandserhebungen im Bildungssektor werden je nach Handlungskontext und Auftraggeber unterschiedliche Ziele verfolgt. Die Politik betrachtet alle Kinder als Gesamtheit und möchte ihnen Chancengleichheit auf ihrem Bildungsweg ermöglichen. Gleichzeitig hat sie aber auch nur eine bestimmte Menge an Ressourcen und (Geld-)Mitteln zur Verfügung, die sinnvoll begründet verteilt werden sollen.

Dagegen haben pädagogische Fachkräfte aus ihrem professionellen Verständnis und Auftrag heraus vor allem den Bildungsweg des *individuellen Kindes* im Blick. Um das Kind dabei begleiten zu können, brauchen sie Informationen über den Sprachentwicklungsstand jedes einzelnen Kindes. Die Überprüfung der Lernziele von Sprachförderung wiederum interessiert sowohl pädagogische Fachkräfte als auch die Vertreter der Politik. Förderdiagnostik schafft also den Rahmen zur Initiierung, Durchführung und Überprüfung von Sprachförderung im Elementarbereich.

Administrative/bildungspolitische Ziele

- Identifikation der sprachförderbedürftigen Kinder
- Legitimation der Verteilung von Mitteln und Ressourcen

Pädagogische Ziele

- Planung und Individualisierung von Förderangeboten
- Verbesserung der Bildungsprozesse
- Begleitung und Dokumentation der Sprachentwicklung
- Unterstützung der Elternarbeit
- Unterstützung der Zusammenarbeit mit anderen Berufsgruppen (z. B. Ärzte, Logopädinnen)

Evaluative Ziele

- Überprüfung des Erlangens von Lernzielen in einem Förderangebot

Wenn Sie sich mit Kolleginnen aus Ihrer Region oder sogar aus ganz Deutschland unterhalten, werden Sie feststellen, dass die Erhebung des Sprachstandes sehr unterschiedlich gehandhabt wird – bezogen auf die Zielgruppen, Methoden, Zeitpunkte, Konsequenzen und Durchführenden. In einigen Bundesländern werden Sprachstandserhebungen z. B. mit allen Kindern in einem bestimmten Alter durchgeführt, andere verpflichten nur bestimmte Kinder (z. B. mehrsprachige) zur Teilnahme. Auch das Alter der Kinder variiert bei der Überprüfung des Sprachstandes, es liegt meist zwischen 4 Jahren bis kurz vor der Einschulung. Einen guten Überblick dazu bietet Lisker (2010) in der Publikation: Sprachstandsfeststellung und Sprachförderung im Kindergarten und beim Übergang in die Schule.

Methoden zur Erhebung des Sprachstandes

Um den Sprachstand zu erheben, setzen die Bundesländer meist zwei Methoden ein: **Screenings** oder **Beobachtungsinstrumente** (informelle Verfahren), seltener auch Tests. Die Varianten haben spezifische Merkmale und Ziele.

Screenings haben eine kurze Durchführungs- und Auswertungsdauer. Sie wurden entwickelt, um bei einer großen Menge von Kindern eingesetzt zu werden und müssen deshalb ökonomisch sein. Insofern überprüfen sie nie alle sprachlichen Ebenen (Sprachverständnis, Wortschatz, Grammatik, Aussprache, Pragmatik), sondern konzentrieren sich auf wenige Aufgabenbereiche. Bei der Auswertung eines Screenings interessiert lediglich, ob bei einem Kind Förderbedarf vorliegt oder nicht. Diese grobe Einteilung geschieht über eine Norm. Der entscheidende Punkt, um über Förderbedürftigkeit zu entscheiden, ist die Repräsentativität dieser Norm. D. h., das Screening kann nur dann genutzt werden, wenn die Kinder in der Normstichprobe die gleichen Merkmale haben wie das individuelle Kind (z. B. gleiches Alter, einsprachig/mehrsprachig). Umgangssprachlich werden häufig auch aus der Praxis entstandene oder selbst zusammengestellte Erhebungsinstrumente als Screenings bezeichnet. Diese sind hier aber nicht gemeint, denn Screenings müssen genau dieselben Gütekriterien erfüllen wie Tests (s. u.).

Beispiele für Screenings:

- HASE Heidelberger auditives Screening (Schöler & Brunner, 2008)
- SSV Sprachscreening für das Vorschulalter (Grimm, Aktas & Kießig, 2003)
- S-ENS Screening des Entwicklungsstandes (Döpfner et al., 2004)
- Cito Sprachtest (Cito Deutschland, 2010)

Beobachtungsinstrumente: In den Bildungsplänen der Länder wird zwar auf die Notwendigkeit verwiesen, die Sprachförderung am individuellen Sprachentwicklungsstand zu orientieren und diesen kontinuierlich zu beobachten, konkrete Vorgaben finden sich aber nicht immer. In diesem Zusammenhang werden häufig Beobachtungsverfahren eingesetzt. Sie gehören zu den informellen Verfahren, da sie nicht testtheoretisch überprüft sind und daher keine Gütekriterien erfüllen (s. u.). Dafür bieten sie meist einen umfangreichen Blick auf die verschiedenen Aspekte von Sprache und Kommunikation der Kinder im Kita-Alltag.

Beispiele für Beobachtungsinstrumente:

- SISMIK – Sprachverhalten und Interesse an Sprache bei Migrantenkindern in Kindertageseinrichtungen (Ulich & Mayr, 2003)
- SELDAK – Sprachentwicklung und Literacy bei deutschsprachig aufwachsenden Kindern (Ulich & Mayr, 2006)

Tests: Seltener werden auch Tests im Rahmen der Sprachstandserhebung eingesetzt. Bei der Auswertung von Tests wird ein Vergleich zwischen den sprachlichen Leistungen eines einzelnen Kindes zu anderen Kindern gleichen Alters (genauso gut, besser, schlechter) gezogen. Auch das geschieht wiederum über eine Norm.

Beispiel für einen Test:

- SETK 3-5 – Sprachentwicklungstest für drei- bis fünfjährige Kinder (Grimm, Aktas & Frevert, 2001)

Inhalte von Sprachstandserhebungen

Ebenso unterschiedlich wie die Methoden zur Erhebung des Sprachstandes sind deren Inhalte. Einige Instrumente fokussieren auf sprachliche Fähigkeiten im engeren Sinne und überprüfen verschiedene linguistische Ebenen (Aussprache, Wortschatz, Grammatik, Sprachverständnis). Andere legen viel Wert auf eine Erhebung der Sprache im weiteren Sinne, also die Kommunikation des Kindes im Alltag (z. B. kommunikatives Verhalten mit verschiedenen Gesprächspartnern, Interesse an Kommunikation und Büchern). So können die Aufgaben in den verschiedenen Verfahren ganz unterschiedlich aussehen.

BEISPIEL

Beispielaufgabe aus einem Screening (HASE, Schöler & Brunner, 2008):

- Nachsprechen von Kunstwörtern:
  Anweisung für das Kind: „Jetzt hörst du Wörter, die du noch nie gehört hast. Die haben wir erfunden. Du musst also ganz gut aufpassen, um die Wörter genauso nachzusprechen, wie du sie hörst."
  Kunstwörter, z. B.: MALI, LUFA, LAKEMO, WUNORE, PUKAWORE, RIBANELU → Bewertung: Anzahl korrekt nachgesprochener Silben

- Beispielaufgabe für ein Beobachtungsverfahren (SISMIK, Ulich & Mayr, 2003):
  Beobachtungsbereich: Einzelgespräche mit pädagogischen Bezugspersonen (auf Deutsch):
  Das Kind erzählt auf Deutsch verständlich von etwas, das wir nicht kennen oder sehen können (z. B. von zu Hause) → Bewertungsskala: Das Kind ist *nie, sehr selten, selten, manchmal, oft, sehr oft* zu verstehen.

Qualitätskriterien für Sprachstandserhebungsverfahren

Um die Qualität der verschiedenen Verfahren zur Erhebung des Sprachstandes zu beurteilen, kann man verschiedene Kriterien anlegen (Lengyel, 2012; Neugebauer & Becker-Mrotzek, 2013):

- Umfassende Überprüfung des Sprachstandes auf verschiedenen sprachlichen Ebenen
- Praktikabilität des Verfahrens: z.B. Durchführungs- und Auswertungsdauer, Materialverbrauch
- Ausreichende Anwendungsschulung der Personen, die den Sprachstand messen
- Berücksichtigung von mehrsprachigen Kindern als einer wesentlichen Zielgruppe von Sprachförderung
- Ableitbarkeit von Förderzielen

Instrumente, die als Test oder Screening bezeichnet werden, müssen noch weitere wichtige Gütekriterien erfüllen (Kany & Schöler, 2010):

1. Die Ergebnisse dürfen nicht von außen (z.B. durch unterschiedliche Testdurchführende) beeinflussbar sein = **Objektivität.**
2. Das Instrument soll genau und zuverlässig messen = **Reliabilität.**
3. Das Instrument soll das messen, was es vorgibt zu messen = **Validität.**

Bei Tests oder Screenings, die auf dem Markt sind, wurden diese Gütekriterien im Entwicklungsprozess systematisch überprüft und im Testhandbuch beschrieben. Damit ein Screening z.B. objektiv ist, gibt es genaue Angaben zur Durchführung und Auswertung, der Test ist standardisiert. Leider erfüllen längst nicht alle in den Bundesländern eingesetzten Verfahren diese Qualitätskriterien (Neugebauer & Becker-Mrotzek, 2013).

Auswahl von Sprachstandserhebungsverfahren in der Kita

Alle drei Verfahrensvarianten haben Vor- und Nachteile (Tab. 9). Es sollte also je nach Zielsetzung eine entsprechende Wahl getroffen werden. Für eine differenzierte und umfassende (Förder-)Diagnostik müssen sich verschiedene Blickwinkel ergänzen (Albers, 2010).

Tab. 9: Vor- und Nachteile von Screenings, Beobachtungsverfahren und Tests zur Erhebung des Sprachstandes in Kindertageseinrichtungen

	Vorteile	Nachteile
Screening	▪ schnelle Durchführung und Auswertung ▪ erfüllt testtheoretische Gütekriterien ▪ Durchführung und Auswertung sind eindeutig beschrieben (standardisiert) ▪ eindeutige Aussage zum Förderbedarf kann getroffen werden	▪ überprüft nicht alle sprachlichen Bereiche ▪ Durchführung und Auswertung erfordern spezifische Kenntnisse zu Sprachentwicklung und Testtheorie ▪ Sprache wird nicht in realen Kommunikationssituationen erhoben ▪ zu grob, um individuelle Förderziele abzuleiten
Beobachtungsverfahren	▪ liefert umfassende Informationen zum individuellen Sprachentwicklungsstand ▪ Durchführung lässt sich leichter in den pädagogischen Alltag integrieren ▪ Erfassung der realen kommunikativen Fähigkeiten des Kindes im Alltag möglich ▪ Förderziele ableitbar	▪ Durchführung und Auswertung für alle Anwender nicht immer einheitlich und klar definiert, dadurch sind die Verfahren subjektiver ▪ teilweise sehr zeitaufwendig
Test	▪ erfüllt testtheoretische Gütekriterien ▪ Durchführung und Auswertung sind eindeutig beschrieben (standardisiert) ▪ Ergebnisse sind wegen der einheitlichen Auswertung (Standardnormen) über verschiedene Tests hinweg vergleichbar ▪ Förderziele können für die im Test überprüften sprachlichen Ebenen abgeleitet werden	▪ Sprache wird nicht in realen Kommunikationssituationen erhoben ▪ Durchführung und Auswertung erfordern spezifische Kenntnisse zu Sprachentwicklung und Testtheorie ▪ Durchführung und Auswertung sind zeitaufwendig

Wenn es lediglich um das Feststellen von förderbedürftigen Kindern geht, sind standardisierte Screenings geeignet. Hier sollte darauf geachtet werden, dass das Screening die oben beschriebenen testtheoretischen Gütekriterien erfüllt. Screenings sollten nur von geschulten Personen mit ausreichenden Kenntnissen in den Bereichen Sprachentwicklung und Testtheorie durchgeführt und ausgewertet werden.

Wird eine individuelle Förderplanung oder dokumentierende Begleitung des Spracherwerbs angestrebt, liefern informelle Beobachtungsverfahren ein breiteres Spektrum an Informationen. Will man Vorschul- und Grundschulkinder sprachlich fördern, ist zu bedenken, dass Motorik, Wahrnehmung, gesprochene Sprache, Lesen und Schreiben als untrennbare Einheiten geistiger Aktivität zu sehen sind. Das Kind lernt nur dann dazu, wenn das Wahrgenommene wichtig für sein Leben ist. Der Motor jeder kindlichen Entwicklung sind eigenständige Erfahrungen in den genannten Bereichen. Lernen darf man sich dabei nicht als einfache Anhäufung von Wissen nach dem Prinzip vom Einfachen zum Schwierigen vorstellen, sondern als komplexen Vorgang, der verschiedene Strategien umfasst. Um gezielt fördern zu können, müssen die Erziehenden das Kind genau beobachten und seine Fähigkeiten individuell einschätzen. Dabei ist darauf zu achten, dass entsprechende Beobachtungsverfahren alle sprachlichen Ebenen berücksichtigen: Sprachverständnis, Wortschatz, Grammatik, Aussprache und Pragmatik. Außerdem sollten sie auf einem aktuellen Modell der kindlichen Sprachentwicklung basieren, um nachvollziehen zu können, welche spezifischen sprachlichen Lernschritte das Kind bereits vollzogen hat und welche sich anschließen (siehe Teil 1). Optional können auch noch die Bereiche Literacy (Sammelbegriff aller Aspekte der Lese- und Schreibfähigkeit. Unter dem Begriff werden alle Kompetenzen eingeordnet, die man benötigt, um symbolische Systeme zu verstehen und zu benutzen, z.B. Interesse an Büchern) oder Kommunikationsverhalten (z.B. mit verschiedenen Kommunikationspartnern, in verschiedenen Kommunikationssituationen) im Alltag mit erhoben werden.

Das Potenzial der Sprachstandserhebung von Kindern in Kindertageseinrichtungen mithilfe von Beobachtungsverfahren liegt in der Möglichkeit, Aussagen über die realen sprachlich-kommunikativen Fähigkeiten des Kindes in seinem Alltag treffen zu können.

Diese Informationen können weder mit Tests noch mit Screenings gewonnen werden, weil diese von ihrer Aufgabenauswahl her immer selektiv sind und darüber hinaus in alltagsexklusiven Settings durchgeführt werden. Aber auch der Einsatz von Beobachtungsverfahren stellt Anforderungen an die Professionalität der Durchführenden. Beobachtungen sind grundsätzlich subjektiv, also immer durch die Person des Durchführenden geprägt. Das beinhaltet:

- Vorwissen (z.B. über das Kind/die Familie des Kindes)
- Grundsätzliche Meinungen und Einstellungen (z.B. zu Jungen/Mädchen und deren sprachlichen Fähigkeiten)
- Sympathie/Antipathie

Dadurch können Wahrnehmungsfehler in unserer Beurteilung von Menschen auftreten. Die Folge ist, dass wir uns zu schnell ein Urteil bilden und Informationen nicht mehr genau genug und neutral analysieren, wie folgendes Fallbeispiel etwas überspitzt verdeutlicht.

BEISPIEL

Fallbeispiel Lukas

Nehmen wir an, die Erzieherin Frau Müller will die sprachlichen Fähigkeiten von Lukas (4;5 J.) mit einem Beobachtungsverfahren beurteilen. Lukas ist ein sehr stilles Kind, das wenig Kontakt mit den Erzieherinnen aufnimmt. Auch Lukas Bruder hat bereits die Einrichtung besucht und war in logopädischer Behandlung. Lukas Familie erscheint selten bei Elternabenden und nimmt angebotene Entwicklungsgespräche nicht wahr. Lukas ist Frau Müller als Kind nicht besonders sympathisch.

Mögliche Wahrnehmungsfehlerquellen:

- Lukas ist ein Junge = Jungen sprechen schlechter als Mädchen → Lukas hat wahrscheinlicher Sprachprobleme als ein Mädchen
- Lukas ist still = Lukas spricht nicht viel → Lukas kann nicht gut sprechen
- Lukas Bruder hatte Sprachprobleme → Lukas hat wahrscheinlich auch Sprachprobleme
- Lukas Familie erscheint nicht zu Entwicklungsgesprächen = Lukas Familie interessiert sich nicht für die Entwicklung ihres Kindes → Lukas Familie bietet kein entwicklungsförderliches Umfeld für Lukas
- Lukas ist Frau Müller nicht sympathisch → Lukas wird schlechter eingeschätzt als ein Kind, das Frau Müller mag

Wir alle können diese Wahrnehmungsfehler nicht abstellen. Professionelles Handeln heißt, dass wir uns ihrer bewusst sind und sie dadurch reflektiert in unsere Bewertung von Beobachtungen mit einbeziehen. Außerdem sollten Beobachtungen immer im Austausch mit anderen überprüft werden, z. B. indem Sie Ihre Beobachtungen zu einem bestimmten Kind in einer Teamsitzung vorstellen und besprechen.

Sprachförderung: Programm oder Alltag?

Die sprachliche Förderung der Kinder gehört neben der Sozialerziehung zu den wichtigsten Aufgaben einer Kindertagesstätte und sollte nicht dem Zufall überlassen bleiben. Sie soll alle Kinder erfassen: sowohl die, die sprachlich schon sehr gut entwickelt sind und ihren Hunger nach sprachlicher Betätigung stillen wollen, als auch Kinder mit Deutsch als Zweitsprache oder solche, die zu Hause zu wenig sprachliche Anregung erhalten haben.

In den Bildungsplänen der Länder finden sich für die Sprachförderung in Kindertageseinrichtungen zwei Hauptziele: Alle Kinder sollen ausreichende Kenntnisse in der deutschen Sprache erwerben und alle Kinder sollen auf den Besuch der Schule vorbereitet werden. Wie aber sollen diese Ziele erreicht werden? Unabhängig von der grundsätzlichen Forderung nach alltagsintegrierter Sprachförderung und Sprachbildung sowie einer individuellen Förderplanung und Zielsetzung für jedes einzelne Kind gibt es eine Vielzahl von Konzepten, Programmen und Materialien zur Sprachförderung.

Klassische Sprachförderprogramme betrachten Sprache dabei meist als System mit verschiedenen Einzelteilen. Diese Einzelteile werden dann systematisch und oft hierarchisch (z. B. von leicht nach schwer) im Programm thematisiert. Die Sprachförderung erfolgt immer in Kleingruppen außerhalb des normalen Kita-Alltags in einem separaten Raum. Die Inhalte konzentrieren sich nur auf eine oder wenige sprachliche Ebenen. Methodisch-didaktische Elemente sind u. a.: Einsatz unterschiedlicher Medien (z. B. auch Computer), Veranschaulichung von Sprache durch Symbole und ein genauer (hierarchischer) Ablaufplan (Jampert et al., 2007).

> Beispiele für solche Sprachförderprogramme sind das „Kon-Lab"-Programm von Penner und Krügel (u. a. 2007) oder Programme zur Förderung der phonologischen Bewusstheit, wie das „Würzburger Trainingsprogramm: Hören, Lauschen, Lernen" (Küspert & Schneider, 2008) und das Programm des Finken-Verlages „Wuppis Abenteuer-Reise durch die phonologische Bewusstheit" (Christiansen, 2005).

Es gibt allerdings auch immer mehr Programme, die versuchen, den Alltag stärker in ihr Konzept zu integrieren, z. B. das Förderkonzept „Ich bin Max" (Otten & Ender, 2007) aus dem ProLog-Verlag.

Aus sprachwissenschaftlicher Perspektive können – unabhängig von ihrer Ausgestaltung – verschiedene Aspekte benannt werden, um sich der Frage: „Wie soll gute Sprachförderung aussehen?" anzunähern (siehe Tab. 10).

Tab. 10: Kriterien zur Beurteilung von Sprachförderprogrammen und -konzepten in Kitas

Formal	▪ Früher Beginn (ab Eintritt Kita) ▪ Lange Dauer (gesamte Kita-Zeit) ▪ Am Sprachentwicklungsstand orientierte Förderung ▪ Schulung zum Programm/Konzept ▪ Wissenschaftliche Evaluation der Wirksamkeit des Programms/Konzepts ▪ Praktikabilität
Inhaltlich	▪ Sprachtheoretische Basis ▪ Vermittlung von Wissen zum Spracherwerb ▪ Anleitung zur Beobachtung des Sprachentwicklungsstandes ▪ Abdecken mehrerer sprachlicher Bereiche ▪ Sprachförderung findet in einem für die Kinder bedeutungsvollen Rahmen statt ▪ Anleitung zur Optimierung des eigenen Sprachvorbildes ▪ Berücksichtigung der Mehrsprachigkeit ▪ Berücksichtigung der Elternarbeit

Formale Kriterien: In den letzten Jahrzehnten hat sich gezeigt, dass Sprachförderung und -bildung von den Rahmenbedingungen her während der gesamten Aufenthaltszeit der Kinder in Einrichtungen (Krippe und Kita) stattfinden muss, um einen positiven Einfluss auf die Sprachentwicklung zu haben. Die Förderung sollte außerdem nicht nach dem „Gießkannenprinzip" erfolgen, d.h., alle Kinder werden mit derselben Art von Förderung „begossen", sondern sie sollte sich am individuellen Sprachentwicklungsstand der Kinder orientieren. Pädagogische Fachkräfte sollten zu dem Programm/Konzept eine ausführliche Schulung erhalten, um die notwendigen Kompetenzen zur Durchführung zu erwerben. Die Wirksamkeit des Sprachförderprogramms/-konzepts sollte außerdem im Rahmen einer unabhängigen wissenschaftlichen Untersuchung nachgewiesen werden. Die Überprüfung der Maßnahmen zur Sprachförderung stellt jedoch eine Herausforderung dar. Das liegt an den vielen Faktoren, die Einfluss auf Sprachförderung nehmen (z.B. Zielgruppe, Rahmenbedingungen, Alter, Dauer der Maßnahme, Durchführung etc.), und an der Tatsache, dass in einen Prozess eingegriffen wird, der naturbedingt kontinuierlich voranschreitet, nämlich die kindliche Entwicklung. Hier nun ein Plus durch die Sprachförderung neben der natürlichen, altersgemäßen Zunahme der sprachlichen Kompetenzen nachzuweisen, ist anspruchsvoll. Nichtsdestotrotz werden bei der Fülle von Programmen und Konzepten dringend langfristige Wirksamkeitsnachweise benötigt, um eine begründete Auswahl treffen zu können. Unter die „Praktikabilität" fallen Punkte wie: die Bereitstellung von Vorlagen zur Dokumentation (Lernziele, Förderplanung Erfolgskontrolle), die Integration des Sprachförderprogramms in den Kita-Alltag (Zeit, Ressourcen) und der Materialverbrauch.

Inhaltliche Kriterien: Das Programm/Konzept sollte eine sprachtheoretische Basierung aufweisen und den pädagogischen Fachkräften Wissen zum (ein- und mehrsprachigen) Spracherwerb, verbunden mit einer Anleitung zur Erhebung des Sprachstandes durch Alltagsbeobachtung vermitteln. Nur bei Programmen/Konzepten, die auch einen fundierten sprachwissenschaftlichen Hintergrund darlegen, ist davon auszugehen, dass sie den aktuellen Forschungsstand zum Spracherwerb und (sprachlichem) Lernen widerspiegeln. Wenn Sprachförderung sich als Entwicklungsbegleitung versteht, dann sollten immer mehrere sprachliche Ebenen (z. B. Sprachverständnis, Wortschatz, Grammatik) in einem Programm/Konzept thematisiert werden. Das Hauptwerkzeug, das pädagogische Fachkräfte in der Sprachförderung nutzen, ist ihre eigene Sprache. Um die Lern- und Aufnahmebereitschaft zu erhöhen, sollten sich die Kontexte, in denen Sprache gefördert wird, außerdem an den Erfahrungen der Kinder orientieren und für ihr kommunikatives Handeln im Alltag bedeutsam sein. Mit diesem Bewusstsein ist es unerlässlich, den eigenen Sprachgebrauch zu reflektieren und optimieren. Des Weiteren sollten Programme/Konzepte immer die Bedürfnisse von mehrsprachigen Kindern berücksichtigen, da sie eine Hauptzielgruppe für Sprachförderung darstellen. Ein letzter wesentlicher Aspekt besteht in der Zusammenarbeit mit den Eltern, die als Hauptbezugspersonen einen enormen Einfluss auf die Sprachentwicklung ihrer Kinder haben. Hier ist in Sprachförderprogrammen/-konzepten immer aufzuzeigen, wie diese Partnerschaft in der Entwicklungsbegleitung eines Kindes vonseiten der Kita ausgestaltet werden kann.

Nicht alle Programme/Konzepte erfüllen alle Kriterien. Oft müssen besonders die klassischen Sprachförderprogramme Abstriche bei den inhaltlichen Aspekten machen: Sie berücksichtigen nur einen oder wenige sprachliche Bereiche (z. B. das Würzburger Trainingsprogramm nur die phonologische Bewusstheit), die Sprachförderung bezieht sich nicht auf die Lebenswelt der Kinder, sie geben keine Anleitung zur Optimierung des Sprachvorbildes der pädagogischen Fachkräfte oder thematisieren die Bereiche Mehrsprachigkeit und/oder Elternarbeit nicht. Dies macht deutlich, dass der Einsatz von abseits des Alltags eingesetzten Programmen in Kindertageseinrichtungen nur unter bestimmten Bedingungen Sinn macht (z. B. zusätzlich für bestimmte Zielgruppen). Das Bestreben sollte immer sein, das Potenzial der Sprachförderung im Alltag zu nutzen! Sprachförderung ist kein herauslösbarer Bildungsbaustein, der in bestimmten festgelegten Zeiten „beübt" wird. Sprachliches Lernen findet zu jeder Zeit in konkreten, sinnvollen Handlungen und Interaktionen im Alltag statt. Hier muss Sprache bewusst und lehrend eingesetzt werden.

> **!** Wenn Sprachförderung auf 1x täglich 10 Minuten reduziert wird, verstreichen 99 % der möglichen Lernsituationen ungenutzt.

Alltagsintegrierte Sprachförderung

Wie haben Ihre eigenen Kinder sprechen gelernt? Haben Sie sich eines Morgens mit Zettel, Stift und einem bunten Bild an den Tisch gesetzt und zu Ihrem Kind gesagt: „So, mein Schatz, jetzt wollen wir mal sprechen lernen!"? Nein, natürlich nicht, denn Kinder lernen ganzheitlich und am direkten Erleben orientiert. Lernsituationen müssen eingebunden sein in ihre täglichen Bedürfnisse und Interessen. Kinder lernen am schnellsten, wenn sie alle Sinne nutzen dürfen. Sie lernen, wenn sie etwas ausprobieren dürfen. Sie müssen die Gelegenheit haben, die Eigenschaften der Dinge durch konkretes Tun zu erfahren. Je jünger die Kinder sind, desto mehr ist ihr Lernen an das Hier und Jetzt gebunden, die Fähigkeit zur Abstraktion, wie sie etwa beim Erzählen einer Bildergeschichte gefragt ist, kommt erst später.

> **!** Deshalb gilt: So gut sich verschiedene Materialien wie Bildkarten, Memory oder Bildergeschichten auch zum Einsatz im Rahmen der Sprachförderung zu eignen scheinen, es gibt kein Medium, was so schnell und nachhaltig die Sprachkompetenz fördert, wie das direkte Erleben.

Lebendige Interaktionen mit anderen Menschen bilden die Grundlage jeder Sprachförderung. Diese Interaktionen mit unterschiedlichen Gesprächspartnern sollen angeboten werden, damit das Kind das Netz seiner sozialen Beziehungen verdichten kann. Einfühlsames Verstehen, Kooperation und ein kindgemäßes Rollenverhalten sind wichtige Grundlagen für den weiteren Spracherwerbsprozess. Kinder agieren erst dann frei und unabhängig in Lernsituationen, wenn sie sich sicher gebunden fühlen. Sie brauchen eine sichere Beziehung und ein vertrauensvolles Umfeld, um ihr Wissen zu erweitern. Das gilt für das Sprechenlernen genauso wie für alle anderen Fähigkeiten. Ein gelungener Beziehungsaufbau bildet also die Grundlage für jede Art von Sprachförderung.

Pädagogische Fachkräfte, die die Sprache fördern wollen, können zunächst einmal ein Umfeld zur Verfügung stellen, das den sprachlichen Lernprozess unterstützt. Zwei Faktoren müssen gegeben sein: Erstens muss es eine soziale Umwelt geben, also jemanden in der Nähe, dem man sich mitteilen kann, und zweitens braucht das Kind eine sprechanregende Umgebung. Wenn zudem die Interessen des Kindes berücksichtigt werden, dann sind die Grundvoraussetzungen für alltagsintegrierte Sprachförderung gegeben.

Professionelles Handeln im Rahmen der alltagsintegrierten Sprachförderung bedeutet:

- Aufmerksam zu sein für die kommunikativen Interessen der Kinder
- Sprachlich flexibel auf unterschiedliche Sprachniveaus einzugehen
- Sprachlehrstrategien bewusst einzusetzen

Sprachliche Förderbereiche

Zur Sprachförderung gehören die Bereiche Sprachverständnis, Wortschatzerweiterung, die Entwicklung der Satzbildungsfähigkeit (Grammatik) und Aussprache, die Bereitschaft und Fähigkeit Sprache sinnvoll einzusetzen und zu nutzen (Pragmatik) sowie die Vorbereitung auf die Schule (Literacy, Erzählfähigkeit, phonologische Bewusstheit, komplexere und abstrakte Sprache).

Aussprache

Die Aussprache beinhaltet das Wahrnehmen und Produzieren von Lauten. Förderung in diesem Bereich heißt vor allem Sensibilisierung für lautliche Unterschiede, Hören auf unterschiedliche Geräusche und Laute. Lautmalereien und lautliche Begleitung von Spielen unterstützen die Kinder in der Ausspracheentwicklung.
Beschäftigung mit Aussprache bedeutet, sich gemeinsam mit Kindern Fragen wie diese zu stellen: Wie klingt ein Laut (z. B. /p/ wie ein spuckendes Lama, /sss/ wie die Biene)? Ist er lang oder kurz? Hart oder weich? Welche Laute gibt es in einer anderen Sprache, die es im Deutschen nicht gibt?
Mundmotorische Übungen hingegen sind nur in sehr begrenztem Maße förderlich, da sie Zungen- und Lippenbeweglichkeit unabhängig von Sprache verbessern. Ein Übertrag auf die Lautentwicklung ist daher nicht zwingend gegeben.

Verstärken Sie besser Situationen, in denen Kinder ihre Sprechwerkzeuge innerhalb von Äußerungen ausprobieren oder mit Aussprache spielen (Kind: „Schuh, Suh, Ssssschuh." Erzieherin: „Oh, ja, Sssssschuh!").

TIPPS

Förderbereich Aussprache:

- Lautmalereien
- Gedichte, Lieder
- Sprachspiele
- Fantasiesprache

Sprachverständnis

Um Sprache zu verstehen und sicher zu verarbeiten, muss ein Kind verschiedene Leistungen vollbringen. Zunächst muss es aufmerksam werden auf das gesprochene Wort, es muss Mimik und Gestik des Gesprächspartners entschlüsseln und sich die Abfolge der erzählten Begebenheiten merken. Pädagogische Fachkräfte können hier durch ihr sprachliches Vorbild viel zum Verstehen beitragen, indem sie langsam und mit lebhafter Modulation (Sprachmelodie und Betonung) sprechen, sich dem Sprachniveau des Kindes anpassen und bewusst einzelne Redewendungen und Begriffe wiederholen. Um das Verstehen zu erleichtern, können Handlungsabläufe in der Reihenfolge versprachlicht werden, in der sie auch passieren, z.B.: „Zieh bitte deine Jacke an, und dann kannst du rausgehen.", anstelle von „Du gehst bitte nicht raus, bevor du dir nicht die Jacke angezogen hast." Zur Verständnissicherung kann das Gehörte auch mithilfe von Fragen noch einmal aufgearbeitet werden. Zum Sprachverstehen gehört auch die Erkenntnis, dass Symbole und Piktogramme in unserem Alltag für bestimmte Inhalte stehen. Das bekannte Apothekenzeichen weist z.B. auf ein Geschäft hin, in dem man Medikamente kaufen kann.

BEISPIEL

Sie betrachten mit einem Kind ein Bilderbuch und fordern es auf: „Zeig mir mal den Hund, der nicht frisst." Das Kind zeigt jedoch auf den fressenden Hund, es hat die Verneinung nicht verstanden. Die Erzieherin wiederholt nun den Satz vereinfacht und mit stärkerer Betonung: „Welcher Hund frisst **nicht?**"

TIPPS

Förderbereich Sprachverständnis:

- Aufträge geben und ausführen lassen. Zunächst an konkrete Situationen gebundene Aufträge, dann auch nicht aus der Situation erschließbare Aufträge anbieten.
- Bei fehlender Reaktion sich vergewissern, dass man verstanden wurde und ggf. eine andere Formulierung wählen.
- Doppeldeutigkeiten vermeiden.
- Verallgemeinerungen und nicht eindeutige Formulierungen vermeiden.

Wortschatz

Wie in Teil 1 ausgeführt umfasst die sprachliche Ebene „Wortschatz" sowohl die Anzahl der gelernten Wörter (Lexikon) als auch den Erwerb von Wortbedeutungen (Semantik). In der Sprachförderung sollte also auch auf beide Bereiche eingegangen werden.

Warum wissen Sie genau, wenn Sie ein Tier an der Leine sehen, dass es ein Hund ist? Zum einen wurde Ihnen als Kind immer wieder dieses Wort genannt, wenn Sie einem solchen Tier begegnet sind. Zum anderen haben Sie schon viele Hunde gesehen: große Hunde, kleine Hunde, Hunde mit unterschiedlicher Fellfarbe und -länge. Sie haben Hunde in vielen Situationen gesehen: beim Spazieren gehen, beim Spielen, beim Fressen. Sie haben gehört, wie Hunde bellen, jaulen oder knurren, Sie haben sie gestreichelt. Wenn Sie jetzt an einen Hund denken, dann tauchen sofort zugehörige Wörter in Ihrem Kopf auf: Fell, Schwanz, Leine, Halsband, Herrchen, kämmen, wedeln, knurren, Kauknochen, Körbchen, streicheln etc. All das hat dazu geführt, dass sich viele Verknüpfungen gebildet haben, Merkmale, die Sie einen Hund sicher als Hund identifizieren lassen, egal, ob es ein Dackel oder eine Dogge ist.

Zur Wortschatzerweiterung gehört also zunächst die Wiederholung. Um ein neues Wort zu lernen, müssen Kinder – und Erwachsene ebenso – es oft genug hören. Nur das Wort häufig zu hören ist allerdings sehr mühsames Lernen. Um die Bedeutung eines Wortes wirklich zu erfassen und es nicht nur auswendig zu lernen, müssen Kinder es erleben. Sie müssen ein Wort mit allen ihren Sinnen erfassen und in realen Kontexten kennenlernen. Wenn sie die Bedeutung des Wortes „Glas" erfassen wollen, dann müssen sie verschiedene Gläser gesehen haben. Sie müssen bemerken, dass die meisten durchsichtig sind. Sie müssen Gläser in der Hand gehabt haben, die glatte Oberfläche gefühlt und das Gewicht gespürt haben. Sie müssen auch einen Becher gesehen haben und seine überschneidenden und unterscheidenden Eigenschaften zum Glas kennen. Sie müssen das Geräusch eines zerspringenden Glases gehört haben, wenn es herunterfällt. Sie müssen sich vielleicht sogar an den scharfen Scherben geschnitten haben, um zu wissen, was ein „Glas" ist. Das ist der Grund, warum die Wortschatzerweiterung über Bildmaterial (Memory, Bildkarten, Benennen in Bilderbüchern) nicht ausreichend ist. Bei Objekten können Sie noch einen Teil der Information, nämlich das Aussehen, über Bilder vermitteln, aber das reicht nicht aus, um die vielen Verknüpfungen herzustellen, die zur Sicherung der Bedeutung notwendig sind. Bei Verben oder Adjektiven wird es dann immer schwieriger. Worte wie „rennen", „rau" oder „salzig" lassen sich nicht abbilden, Kinder müssen sie mit dem eigenen Körper erfahren. Dazu eignet sich der Alltag in Kindertageseinrichtungen hervorragend. Wörter kommen in immer wiederkehrenden typischen und trotzdem variablen Situationen vor, dazugehörige Merkmale oder Handlungen können sich so festigen (z. B. Papier mit einer Schere **schneiden,** einen Apfel mit einem Messer **schneiden**). Entscheidend ist hier, dass Sie den Alltag sprachlich gestalten und Dinge, Phänomene, Handlungen und Eigenschaften im Kontext immer wieder benennen. Es geht also bei der Wortschatzerweiterung nicht darum, ständig etwas Neues zu tun oder anzubieten, sondern es geht um Kontinuität, Wiederholung und um Wiedererkennen. Ermutigen Sie die Kinder dazu, nachzufragen, wenn sie ein Wort nicht kennen, und erklären Sie kindgerecht, d. h. anschaulich und konkret. Verknüpfen Sie immer nur eine Bedeutung mit den zugehörigen Begriffen.

BEISPIEL

Beispiel für eine kindgerechte Erklärung des Wortes „Dampf":

Dampf sieht so ähnlich aus wie Rauch. Aber Rauch kommt von Feuer und Dampf kommt von Wasser. Wenn heißes Wasser abkühlt, dann dampft es. Dampf sind eigentlich winzig kleine Wassertröpfchen.

Wenn Sie Angebote, Projekte, Feste, Ausflüge oder Aktionen planen, dann überlegen Sie im Team bereits im Vorfeld, welche Begriffe/Wörter dabei eine Rolle spielen könnten. Achten Sie darauf, dass Sie viele Wortarten abdecken (Nomen, Verben, Adjektive). Diese Begriffe/Wörter sollten dann häufig verwendet werden und in verschiedenen Situationen wiederkehren. Ideal ist immer die Beschäftigung und Vertiefung eines Themas über einen längeren Zeitraum. So bieten sich genügend Gelegenheiten zur Wiederholung, Abgrenzung und Erweiterung von Begriffen. Merkmale können erkundet und geordnet werden, es bilden sich Kategorien (z. B. Oberbegriffe wie: Obst, Möbel, Kleidung, Blumen, Tiere), die helfen, eine Systematisierung im Bedeutungswissen aufzubauen.

BEISPIEL

Beispiel: Wortschatzerweiterung zum Thema Fahrrad

Wortschatz: Lenkstange, Gangschaltung, Kette, Rahmen, Nabe, Speichen, Klingel, Rückspiegel, Ventil, Reifen, Mantel, bremsen, abbiegen, überholen, links, rechts, usw.

Erarbeitung des Wortschatzes durch:

- Aktion mit dem Fahrrad eines Kindes/der Erzieherin: Alle Kinder berühren das Fahrrad an einer Stelle und benennen das entsprechende Teil. Wer findet etwas am Fahrrad, das noch nicht benannt wurde?
- Jetzt wird das Fahrrad gewaschen. Alle bekommen ein Eimerchen und einen Lappen oder Schwamm. Ein Kind teilt ein: Du wäschst das Vorderrad, du das Hinterrad. Wer fertig ist, meldet der Erzieherin, welches Teil er gewaschen hat und was er gerne noch waschen möchte.
- Fahrradspiel im Hof: Jeweils zwei Kinder halten sich an den Händen: Sie sind das Fahrrad, das im Hof seine Kreise zieht. In der Mitte des Kreisverkehrs steht ein Kind etwas erhöht und gibt die Kommandos: langsam fahren, schnell fahren, abbiegen, überholen ...

Der Einsatz von Bilderbüchern zur Wortschatzerweiterung eignet sich vor allem dazu, die Realität des Alltags, Aktionen oder Ausflüge nachzubesprechen. Das dialogische Bilderbuchbetrachten (Arnold et al., 1994) ist hierbei dem bloßen Benennen von Abbildungen vorzuziehen. Im Gespräch über das Buch stellen Sie Fragen und Bezüge zur Lebenswelt des Kindes her. Bedeutungen werden so gefestigt und erweitert. Im Vordergrund der Wortschatzförderung sollte aber immer das reale, sinnliche Erleben stehen.

Regeln zum dialogischen Bilderbuchbetrachten:

- Folgen Sie den Interessen des Kindes
- Stellen Sie W-Fragen (Was, Wer, Warum, Womit, ...)
- Stellen Sie offene Fragen
- Antworten Sie auf Antworten des Kindes mit neuen Fragen
- Wiederholen Sie, was das Kind sagt
- Bieten Sie Hilfe an, wo das Kind sie benötigt
- Erweitern Sie, was das Kind sagt
- Loben und bestärken Sie!
- Haben Sie Spaß!

TIPPS

Förderbereich Wortschatz:

- Reale Handlungen (z. B. kochen, einkaufen, etwas herstellen)
- Exploration und Vergleich von Eigenschaften
- Arbeit mit Realgegenständen
- Projektarbeit
- Themenarbeit
- Rollenspiele
- Ausflüge

Grammatik

Ohne Grammatik könnten wir uns nicht unterhalten. Grammatik – also der Satzbau und die Regeln der Wortbildung – bildet die Grundlage, um sprachliche Inhalte zu vermitteln. Wer macht was mit wem? Sachverhalte sind nur mit Einsatz von Grammatik detailliert zu beschreiben. Ein bloßes Aneinanderreihen von Wörtern führt nicht dazu, von seiner Umgebung verstanden zu werden. Um uns verständlich zu machen, stehen uns in der deutschen Grammatik verschiedene Satztypen zur Verfügung. Die Stellung der Wörter innerhalb des Satzes spielt ebenso eine Rolle wie die aufeinander bezogene Veränderlichkeit der Wörter.
Ähnlich wie beim Förderbereich Wortschatz reicht es zur Entwicklung der Grammatik nicht aus, Kinder bestimmte Strukturen in immer gleichen Sätzen wiederholen zu lassen, sondern sie müssen grammatische Regeln ebenso wie Wörter in verschiedenen realen Sprechkontexten erleben und ausprobieren, um sie zu festigen. Analog zur Wortschatzerweiterung heißt das, dass z. B. die Satzstellung eines Fragesatzes in einem realen Fragekontext vorkommen muss. Kinder müssen aber auch andere Satzstellungen wahrnehmen, um sie von der Satzstellung in einer Frage abzugrenzen. Auch hier gilt wieder das Zusammenspiel von Wiederholung und Variation als oberstes Förderprinzip. Für die Grammatikförderung eignen sich vor allem Situationen, in denen gehandelt wird. Bieten Sie Sprache parallel zur Handlung an.
Beobachten Sie die Kinder! Wenn ein Kind z. B. die regelmäßige Vergangenheitsform noch übergeneralisiert, dann bieten Sie verstärkt auch unregelmäßige Vergangenheitsformen an. Sensibilisieren Sie sich nicht nur dafür, welche Wörter sich in welchen Situationen anbieten, sondern auch, welche grammatikalischen Strukturen. Tabelle 11 zeigt Beispiele zur praktischen Anwendung.

Tab. 11: Beispiele für Alltagssituationen und relevante grammatische Inhalte

Grammatische Inhalte	Beispiele Alltagssituation
Verschiedene Satztypen/ Verbstellung im Satz	Rollenspiele: Kaufmannsladen (Was möchten Sie? Haben Sie noch ...? Ich möchte ...), Puppenküche (Was wollen wir kochen? Gibst du mir den Teller? Ich brauche noch einen Löffel. ..., weil ich kochen will.)
Vergangenheitsformen (Perfekt, Imperfekt)	Nachbesprechungen (Was haben wir gemacht?), Erlebnisberichte (Gestern war ich bei meiner Oma zu Besuch. ...)
Akkusativ	Planung (Was brauchen wir? Den Kleber, die Schere, ...)
Dativ	Wimmelbücher (Wo sitzt der Vogel? Auf dem ...), Planung (Womit wollen wir unseren Raum schmücken? Mit dem Netz ...)
Konjunktiv	Was wäre wenn? (Wenn ich fliegen könnte, dann ...), Alternativen überlegen/Probleme lösen (Was könnte man machen? Man könnte ...)
Imperativ	Rollenspiele: Löwenbändiger (Spring durch den Reifen!), Hund und Herrchen (Mach Platz! Gib Pfote!)
Plural	Zoobesuch (Löwe – Löwen, Elefant – Elefanten ,...), Bauernhof (Kuh – Kühe, Schwein – Schweine, ...), Obstsalat zubereiten (Was brauchen wir? Äpfel, Bananen, Orangen, ...), Garten (Was wächst im Garten? Tomaten, Erdbeeren, Zwiebeln, ...)
Steigerungsformen (Komparativ, Superlativ)	Wettspiele (schnell, schneller, am schnellsten etc.)

Die Förderung der Satzbildungsfähigkeit erfolgt durch verbale Kontaktaufnahme. Es kommt grundsätzlich darauf an, Situationen zu schaffen und zu nutzen, in denen das Kind etwas mitteilt: beschreiben, erklären, sich beschweren, wünschen, berichten, argumentieren, rechtfertigen, sich durchsetzen.

Aushandlungsprozesse unter Kindern im Spiel sind ein Beispiel für Situationen, die – wenn nicht die Emotionen im Vordergrund stehen – immer Potenzial für Grammatikförderung bieten. Sei es, dass die Kinder miteinander in den Diskurs treten und sich gegenseitig argumentativ fordern oder dass sie von Ihnen dabei begleitet werden. Hier gibt es viele Möglichkeiten, um Grammatik einzuüben: „Ich will das haben, weil ", „Du könntest doch ...", „Wenn ich fertig gespielt habe, dann kannst du ...", „Wollen wir das so machen?"

Eine Hilfe für die Satzbildung ist auch das rhythmische Sprechen. Kinderreime und Lieder helfen mit, Satzmuster aufzunehmen und anzuwenden.

TIPPS

Förderbereich Grammatik:

- Rollenspiele
- Vorlesen
- Dialogsituationen/sprachliche Interaktion
- Erzählsituationen (z. B. Stuhlkreis)

Pragmatik

Der Bereich der Pragmatik bezieht sich auf die kontextgebundene Anwendung von Sprache in der sozialen Interaktion. Das Wissen darüber, wie ich Fragen stelle, um etwas bitte, ein Gespräch beginne, es aufrechterhalte, zuhörerfreundlich berichte, argumentiere oder eine Unterhaltung beende, sind Sprachhandlungen unterschiedlicher Komplexität, die Kinder in ihrer Entwicklung durch die Auseinandersetzung mit ihrer Umwelt erproben. Sich in der Interaktion sprachlich angemessen zu verhalten, ist wichtig zum Aufbau sozialer Beziehungen. Die vielen festen, routineartigen Interaktionsformen des Kindergartens – Begrüßung, Morgenkreis, Frühstück/Mittagessen, Angebote, Spielphasen, Abschlusskreis, Verabschiedung – ermöglichen es, soziale und sprachliche Handlungsregeln zu erwerben. Sie vermitteln dem Kind Sicherheit und helfen ihm, sein Wissen über die Art und Weise, wie in diesen oder ähnlichen Situationen agiert wird, aufzubauen. Die Förderung der kommunikativen Kompetenz geschieht außerdem sehr intensiv und leicht im sozialen Rollenspiel, indem die Erzieherin sich einmischt, mitspielt und die Handelnden in Gespräche verwickelt. Das kann in vielen Fällen bedeuten, dass sie ein relativ stummes Spiel (Puppe wird aus- und angezogen) zu einem sozialen Rollenspiel ausbaut (Puppe hat Fieber. Ein Arzt muss kommen. Medikamente müssen in der Apotheke besorgt werden. Der Papa kommt von der Arbeit und zeigt dem kranken Kind ein Bilderbuch ...). Selbstverständlich erproben Kinder dieses soziale Miteinander in Rollenspielen auch oft sehr kreativ ohne die Einmischung von Erwachsenen. Auch bei der Schlichtung von Streitigkeiten müssen verbale Konfliktlösungen, wie z. B. die folgenden Streitregeln, eingeübt werden.

BEISPIEL

Beispiel: Streitregeln

Wenn jemand sagt: „Ich will das nicht!", muss der andere aufhören.
Wer einem anderen wehgetan hat, muss sich entschuldigen.
Wer ein Spielzeug haben möchte, das gerade ein anderer hat, muss ihn fragen, ob und wann er es haben kann.

Nicht nur der Inhalt des Gesprochenen ist entscheidend, sondern auch wie gesprochen wird. Dabei spielen z. B. Modulation, Rhythmus, Geschwindigkeit des Sprechens eine tragende Rolle. Aber auch über Körpersprache wie Gestik, Mimik, Blickkontakt und Körperhaltung werden Informationen vermittelt. Diese sogenannte **nonverbale Ebene** unterstreicht das Gesagte, liefert aber auch zusätzliche Informationen, z. B. über die Art des Kontaktes zwischen zwei Gesprächspartnern, über die Befindlichkeit des Sprechers und darüber, ob er das, was er sagt, auch meint. Auch auf diesen Ebenen müssen Kinder lernen sich auszudrücken und zu verstehen.

BEISPIEL

Beispiel: Pantomime

Schreiben Sie auf kleine Zettel Stimmungen (z. B. traurig, müde, sich ärgern, überrascht sein), Berufe (z. B. Arzt, Kellner, Tänzer, Dirigent), Tiere (Storch, Känguru, Frosch etc.) und Tätigkeiten (schlafen, malen, schneiden, weinen usw.). Jeder zieht verdeckt eine Karte und stellt seinen Begriff unter Einsatz von Bewegungen, Mimik und Gestik, aber wortlos, dar. Die anderen müssen raten, was auf dem Zettel steht.

TIPPS

Förderbereich Pragmatik:

- Rollenspiele
- Rollentausch Erwachsene – Kinder (z. B. gestaltet anstelle der Erzieherinnen eine Gruppe von 2-3 Kindern den Morgenkreis, wählt Lieder und Spiele aus, moderiert und leitet an)
- Thematisierung von Gefühlen
- Thematisierung von kulturellen Unterschieden in Umgangsformen (z. B. wie begrüßt/verabschiedet man sich?)

Vorbereitung auf die Schule

Für Kinder ist der Eintritt in die Schule ein großer Schritt, den sie aber nicht unvorbereitet tun, denn die Grundsteine für das Lesen- und Schreibenlernen und den schulischen Umgang mit Sprache werden schon in der Vorschulzeit gelegt. Im Folgenden werden daher Förderbereiche beschrieben, die besonders auf die Schulzeit vorbereiten sollen.

Literacy

Ziel des Literacy-Ansatzes ist es, Schrift(sprache) schon im Leben von Vorschulkindern einen festen Platz einzuräumen. Gelingt dies zu Hause und in der Kita, dann wird die explizite Auseinandersetzung mit Schrift beim Lesen- und Schreibenlernen in der Schule erleichtert, weil sich die Kinder mit etwas auseinandersetzen, das ihnen vertraut ist. Die Beschäftigung mit Märchen, Sach- und Lachgeschichten und Kindergedichten vermittelt Kindern einen ersten Eindruck, was es bedeutet, etwas für andere verschriften zu können, das später wieder gelesen werden kann. Der Umgang mit Büchern, Texten und Schrift im sozialen Umfeld führt schließlich dazu, dass Kinder beginnen, eigene „Buchstaben" zunächst noch als unleserliche Formen aufzumalen und im Spiel zu „lesen". Literacy-Förderung beinhaltet also den Umgang mit Büchern, den Umgang mit Schrift und die mündliche Sprache.

BEISPIEL

Beispiel: Heranführung an Schrift(sprache)

Spielen Sie „Buchstabensuche" auf einem Spaziergang durch die Stadt. Wo sind überall Buchstaben und Schrift zu entdecken?

TIPPS

Förderbereich Literacy:

- Vorlesen, Vorlesekooperationen (z. B. Eltern oder Schüler einer nahen Grundschule kommen zum Vorlesen in die Kita)
- Dialogisches Bilderbuchbetrachten
- Eigene Beschäftigung der Kinder mit Büchern
- Entdecken von Schrift in der Umwelt (Straßenschilder, Supermarkt, Autokennzeichen, Plakate, Notizzettel, Beschriftungen)
- „Schreiben" und „Lesen" spielen, Buchstaben kritzeln
- Für Vorschulkinder: Den eigenen Namen schreiben, Buchstaben schreiben

Erzählfähigkeit

Aber auch die Förderung der Erzählfähigkeit ist ein wichtiger Baustein der Schulvorbereitung. Eine erfundene oder erlebte Geschichte zu erzählen, stellt spezifische Anforderungen an das Kind: in ein Thema einführen, das Hintergrundwissen der Zuhörer beachten, ein unvorhergesehenes Ereignis oder Problem erläutern, einer bestimmten ordnenden Struktur folgen sowie zeitliche, örtliche und kausale Bezüge herstellen. Das beinhaltet deutlich mehr als die Fähigkeit, vollständige und korrekte Sätze produzieren zu können.

BEISPIEL

Beispiel: Erzählung eines 5-Jährigen

Gestern haben wir die Pferde gefüttert. Aber sie hatten keinen Hunger und wollten unser Gras nicht fressen. Als wir nach anderen leckeren Pflanzen gesucht haben, ist plötzlich ein Hase aus dem Gras gesprungen. Bestimmt haben wir ihn erschreckt und er hatte Angst, deshalb ist er so schnell weggelaufen. Ich habe schnell gerufen: „Guck mal!", sonst hätte Mama ihn gar nicht gesehen. Nächstes Mal wollen wir ganz leise über die Wiese gehen, damit wir ihn nicht wieder erschrecken.

Dies ist eine komplexe sprachliche Leistung, deren Entwicklung bis ins Schulalter hineinreicht. Texte in der Schule schriftlich produzieren zu können, Lesetexte zu verstehen, das alles setzt voraus, dass die mündlichen Erzählfähigkeiten gut entwickelt sind (Schröder, 2010).

TIPPS

Förderbereich Erzählfähigkeit:

- Freies Erzählen im Stuhlkreis
- Tischtheater
- Nachbesprechungen von Ausflügen und besonderen Ereignissen (z. B. mithilfe von Gegenständen, die für das Ereignis wichtig waren)
- Fantasiegeschichten erfinden
- Nacherzählen von Geschichten (z. B. Bilderbücher)

Phonologische Bewusstheit: Voraussetzung für das Lesen- und Schreibenlernen ist die bewusste Auseinandersetzung der Kinder mit Sprache. Zunächst ist Sprache für Kinder nur Inhalt: Elefant ist das große, graue Tier mit dem langen Rüssel. Ab einem bestimmten Alter (meist um den 4. Geburtstag) entdecken sie, dass Sprache auch eine Form hat, und beginnen mit Sprache zu spielen, indem sie z. B. „Quatschreime" produzieren: Elefant, Belefant, Melefant. Diese Auseinandersetzung mit Sprache sollten Sie immer unterstützen. Unterhalten Sie sich nicht nur *mit*, sondern auch *über* Sprache.

BEISPIEL

Beispiele für Sprechen über Sprache:

„Weihnachtsbaumkugel: Ist das ein langes Wort! Wie oft kann man da denn klatschen?"
„Mama und Milch, das hat ja am Anfang denselben Laut /mmmm/."
„Oh, Haus und Maus hört sich fast gleich an, das reimt sich."
„Mein Name fängt mit demselben Geräusch an wie dein Name: Petra – Paula!"

Kinder lernen das Gehörte in Einzelteile zu zerlegen: in Sätze, Wörter, Silben und Einzellaute. Zu Beginn der Schulzeit kann ein Kind z. B. in der Regel sagen, dass das Wort „Tür" mit dem gleichen Laut beginnt wie „Tafel", „Tisch" oder „Teller". Es ist in der Lage, die formalen Eigenschaften der gesprochenen Sprache zu analysieren. Diese sogenannte phonologische Bewusstheit ist eine wichtige Vorläuferfähigkeit für den späteren Schriftspracherwerb in der Schule.

TIPPS

Förderbereich phonologische Bewusstheit:

Ab 4 Jahren:

- Silben segmentieren (ein Wort in seine Silben zerlegen)
  - Anzahl der Silben verdeutlichen durch: Klatschen, Ringe/Kästchen hüpfen, Striche malen, trommeln
  - Wie oft kann man klatschen bei dem Wort xy?
  - Wer findet das längste Wort?
  - Abzählreime, bei denen silbenweise auf die mitspielenden Kinder gezeigt wird (z. B.: 1, 2, 3, 4, auf dem Klavier läuft eine Maus und du bist raus!)
- Reimen
  - Lieder, Gedichte, Fingerspiele
  - Quatschreime
  - Was reimt sich auf „Haus", „Mais", „Hose" etc.?
  - Reime mit Tieren finden: Der Igel schaut in den Spiegel, ...

Ab 5 Jahren:

- Lautanalyse
  - Mit welchem Laut fängt das Wort an/hört es auf?
  - Wie viele Tiere/Möbel/Pflanzen/etc. kennt ihr, die mit „M", „A", „R" etc. anfangen?
  - Welche Wörter fangen mit dem gleichen Laut an wie euer Name?
- Lautmanipulation (die Laute in einem Wort verändern, z. B. weglassen oder vertauschen)
  - Lieder: Drei Chinesen mit dem Kontrabass, Auf der Mauer, auf der Lauer
  - Schüttelreime
  - Fantasiesprache: z. B. jedes Wort fängt mit „sch" an (Schetzt schollen schir schieses Schuch schorlesen.)

Sprache und Kognition

Sprache und Denken hängen zusammen. Sprache macht so das tägliche Tun verfügbar und mitteilbar. Sie ermöglicht es uns, unsere Gedanken mit anderen zu teilen und wird zu einem zentralen Mittel, um sich Informationen anzueignen. Für die Sprachentwicklung bedeutet dieser Zusammenhang eine Erweiterung vom Konkreten zum Abstrakten.

Jüngere Kinder berichten immer so, als ob man selbst beim Geschehen dabei gewesen wäre. Wir Erwachsenen müssen dann oft unsere ganze Fantasie und unser Kontextwissen anstrengen, um überhaupt zu verstehen, worüber sie reden. Ein wichtiger Lernschritt in der kognitiven Entwicklung ist in diesem Zusammenhang die Fähigkeit, sich in andere hineinzuversetzen, die sich ungefähr ab dem 4. Lebensjahr entwickelt (Wellman et al., 2001). Sie ermöglicht es Kindern, sich auch kommunikativ vom Hier und Jetzt zu lösen und Dinge zu versprachlichen, die außerhalb der momentanen Realität sowie des eigenen Erlebens liegen. Diese Fähigkeit kann z.B. beim dialogischen Bilderbuchbetrachten gefördert werden, indem man die Kinder auffordert, sich mit den handelnden Charakteren zu identifizieren und deren Gefühle oder Handlungsmotivationen zu beschreiben (Wie fühlt sich xy wohl jetzt? Warum hat er/sie/es das getan?). Weitere kognitiv – und damit auch sprachlich – anspruchsvolle Gedankengänge, die mit älteren Kindern thematisiert werden können, sind Hypothesen anstellen (Was wird er/sie/es wohl als Nächstes tun?) und Alternativen überlegen (Was hätte er/sie/es noch tun können? Was wäre besser gewesen?).

Der kreative Umgang mit Sprache, z.B. in Rollenspielen und Fantasiegeschichten, aber auch die Beschäftigung mit der Sprache an sich in Unsinnsätzen, Witzen, Quatschversen und Zungenbrechern bilden einen wesentlichen Entwicklungsschritt in der Sprachentwicklung eines Kindes. Denn es beginnt nun, sein Handwerkszeug „Sprache" bewusst einzusetzen. Während jüngere Kinder mit ihrer Sprache noch ganz im Moment verhaftet sind, geht es für die älteren Kinder darum, Sprache als Werkzeug zur Erschließung der Welt zu entdecken. Analysieren, Reflektieren, Begründen, Schlüsse ziehen stellen komplexe sprachliche Tätigkeiten dar, die in der Schule verstärkt gefragt sind. Genau das sollte in der Sprachförderung mit Aktivitäten aufgegriffen werden, die die Versprachlichung von Denkvorgängen wie Dinge hinterfragen, Vermutungen anstellen, die Perspektive wechseln oder Probleme lösen beinhalten.

BEISPIEL

Spiel zum Bereich Kognition und Sprache:

„Alle Vögel fliegen hoch": Reih um wird ein Tier genannt (z.B. alle Hunde fliegen hoch) und dazu mit den Zeigefingern auf den Tisch getrommelt. Bei „fliegen hoch" gehen die Hände nach oben, aber nur, wenn das Tier auch wirklich fliegen kann.

TIPPS

Förderbereich Sprache und Kognition:

- Naturwissenschaftliche Experimente
- Projektarbeit
- Funktion von Dingen erforschen
- Dialogisches Bilderbuchbetrachten
- Sprechen über abstrakte Phänomene, z. B. Wetter, Zukunft
- Unterscheidung zwischen Fantasie und Wirklichkeit

Den Alltag für Sprachförderung nutzen

Wenn wir Sprachförderung nicht als separaten Unterricht, sondern als Teil der gesamten Erziehung in Elternhaus, Kindertageseinrichtung und Schule verstehen, stellt dies auch Anforderungen an die Rahmenbedingungen. Fragt man Erzieherinnen zu diesem Thema, nennen sie meist folgende Argumente, die die Durchführung von Sprachförderung behindern: Zeitmangel, Personalmangel und die Verschiedenheit der Kinder. Es besteht also auch von politischer Seite Optimierungsbedarf, um allen Kindern eine Chance auf sprachliche Bildung im Elementarbereich zu sichern.

Im Kindergartenalltag haben sich jedoch bereits viele Sozialformen und Förderrituale etabliert, die sich sprachfördernd auswirken, hier eine Auswahl:

- Tischtheater und Rollenspiel
- Bilderbücher und Geschichten
- Kleine Projekte, sprach- und denkanregende Aktivitäten
  - Farb- oder/und Jahreszeiten-Tische
  - Interessante Experimente
  - Mal- und Werkangebote
- Sprech- und Sprachspiele
  - Lieder, Finger- und Gebärdenspiele
  - Sprechspiele, Spiele mit der Sprache in Deutsch/in anderen Sprachen/oder Fantasiesprachen durchführen
  - Rätsel, Ratespiele
  - „Ich sehe was, was du nicht siehst!"
  - Kreis- und Singspiele (z. B.: „Mein rechter, rechter Platz ist leer")
- Sprech- und Sprachthemen
  - Wahrnehmungsspiele drinnen und draußen
  - Die Kinder bringen sich gegenseitig an einem bestimmten Tag in der Woche etwas aus ihrer jeweiligen Sprache bei, dies könnte später im Stuhlkreis vorgeführt werden

- Wöchentliche Sprachthemen ausgeben (z. B. Träume, Malen oder Garten)
- Gelegenheiten zum Erzählen und zu Gesprächen in kleinen Gruppen und mit einzelnen Kindern anbieten

Betrachten wir den Alltag in den Einrichtungen, so finden sich in den verschiedenen Settings drei **Gruppengrößen** wieder, die Potenzial für unterschiedliche Bereiche und Arten von Sprachförderung bieten:

Großgruppe

In der Großgruppe (z. B. Morgenkreis, Erzählkreis) findet vor allem ein Dialog zwischen Erwachsenen (pädagogischen Fachkräften) und Kindern statt. Allerdings sind die Kinder in diesem Setting auch aufgefordert, den Redebeiträgen der anderen Kinder intensiv zu lauschen. Einzelne Kinder erhalten so die Möglichkeit, von der gesamten Gruppe gehört zu werden. Die Kinder üben das Einhalten von Kommunikationsregeln sowie das zuhörerfreundliche Erzählen und Berichten von Erlebnissen. Dieses explizite Präsentieren vor allen liegt aber nicht jedem Kind. So kann es sein, das sich einige wenig sprachlich äußern. Die Anteile, die in diesem Setting in der Gesamtgruppe stattfinden (z. B. gemeinsames Singen), bieten wiederum besonders auch den stilleren Kindern die Chance, Sprache in einem gemeinsamen sicheren Rahmen mit Freude zu erleben. Beispiele sind in Tabelle 12 zusammengestellt.

Tab. 12: Sprachförderung in der Großgruppe

Interaktions- und somit potenzielle Lernkonstellationen	Sprachförderliche Inhalte, z. B.:
Erwachsene(r) – Kinder	Lieder singen, Fingerspiele, Kreisspiele, Ratespiele (z. B. Ich sehe was, was du nicht siehst), Gedichte, Vorlesen, Erzählrunden, Tischtheater, Kommunikationsregeln

Kleingruppe

In der Kleingruppe (z. B. Angebote, Rollenspiele, Früh- oder Spätdienst) steht die Dialogförderung im Mittelpunkt. Dialog findet sowohl zwischen Erwachsenen (pädagogischen Fachkräften) und Kindern, aber auch verstärkt zwischen den Kindern untereinander statt. Das bietet ihnen gute Möglichkeiten, voneinander zu lernen. Besonders für Kinder mit kommunikativen Beeinträchtigungen (z. B. bei mehrsprachigen Kindern, die noch nicht so gut deutsch sprechen) ist die Teilhabe an solchen (Rollen-)Spielen in Kleingruppen jedoch erschwert. Pädagogische Fachkräfte können hier unterstützend die Spielhandlung und die Aushandlungsprozesse innerhalb der Gruppe begleiten, ohne zu stark direktiv einzugreifen und dadurch zum Mittelpunkt der Interaktion zu werden (Kreuzer & Ytterhus, 2011;

Licandro & Lüdtke, 2013). Typische Kleingruppensituationen sind auch die Angebote im pädagogischen Alltag. Hier ist das kommunikative Geschehen eher auf die pädagogische Fachkraft zentriert, wie z. B. beim Basteln. Eine Versprachlichung der eigenen Handlungen bietet sich dabei besonders an (z. B. beim Erklären von Handlungsschritten). Auch das dialogische Bilderbuchbetrachten, bei dem auf Grundlage eines Buches mit den Kindern ein Dialog geführt wird, lässt sich in Kleingruppen gut umsetzen (Tab. 13).

Tab. 13: Sprachförderung in der Kleingruppe

Interaktions- und somit potenzielle Lernkonstellationen	Sprachförderliche Inhalte, z. B.:
Erwachsene(r) – Kinder Kinder – Kinder	Handlungsbegleitendes Sprechen, Dialogförderung (Erwachsener – Kinder, Kinder – Kinder), Rollenspiele, dialogisches Bilderbuchbetrachten

Einzelne Kinder

Auch im Kita-Alltag gibt es immer wieder Momente, in denen Sie Ihre volle Aufmerksamkeit auf ein Kind richten (z. B. Pflege, Spielsituationen, Essen [Sitznachbarn], Anziehen). Jetzt können Sie Ihr Sprachniveau individuell anpassen, intensiv auf die sprachlich-kommunikativen Bedürfnisse des Kindes eingehen und haben eine hohe Aufmerksamkeit gesichert: die besten Voraussetzungen für Sprachförderung! Auch wenn diese Situationen meist kurz sind: Sie können sie effektiv nutzen! Mithilfe von sprachlichen Modellierungstechniken – wie gehäufter Präsentation, Einsatz von Betonung, korrektivem Feedback oder Erweiterungen (Dannenbauer, 2002) – rücken Sie bestimmte sprachliche Strukturen in den Vordergrund.
Das handlungsbegleitende Sprechen bietet sich hier ebenfalls an, sei es, dass Sie eigene Handlungen oder Handlungen am Kind (z. B. Pflege, Anziehen) versprachlichen oder Handlungen des Kindes als Beobachter kommentieren (z. B. beim ruhigen Spiel auf dem Bauteppich). Tabelle 14 zeigt die sprachlichen Möglichkeiten der Förderung mit einzelnen Kindern.

Tab. 14: Sprachförderung mit einzelnen Kindern

Interaktions- und somit potenzielle Lernkonstellationen	Sprachförderliche Inhalte, z. B.:
Erwachsener – Kind	Spezifisches Eingehen auf die sprachlichen Bedürfnisse eines Kindes, Dialogförderung (Erwachsener – Kind), handlungsbegleitendes Sprechen, dialogisches Bilderbuchbetrachten

Schritte in der Sprachförderung

Sprachförderung im Kita-Alltag bedeutet vor allem geplante Erlebniserweiterung. Sie kann beim Singen, Turnen, Basteln, Spielen, Erkunden, Experimentieren ebenso stattfinden wie beim Betrachten von Bilderbüchern oder im Gespräch mit dem einzelnen Kind oder mit der Gruppe im Stuhlkreis.
Folgendes Schema verdeutlicht den Ablauf der Nutzung von Alltagssituationen für Sprachförderung:

1.	Eine Situation als geeignet für Sprachförderung **erkennen**
2.	Das Thema der Situation **analysieren** (inhaltlich und sprachlich)
3.	Das Thema (inhaltlich und sprachlich) aufgreifen und Sprache mit geeigneten Methoden **fördern**
4.	Den Erfolg der Sprachlehrsituation **reflektieren**

1. Erkennen

Alltagsintegrierte Sprachförderung heißt, die vielen kleinen und großen Gelegenheiten im Alltag effektiv zu nutzen, anstatt extra Zeit für diesen Bildungsbereich vom Alltag abzutrennen. Um eine Situation als geeignet für Sprachförderung zu erkennen, müssen Sie den Kindern empathisch und beobachtend folgen, damit Sie bemerken, womit sie sich beschäftigen und wo ihre momentanen Interessen liegen. Sie müssen zuhören können und Kinder als Gesprächspartner ernst nehmen. Signalisieren Sie aktives Interesse durch Zuwendung, Blickkontakt und ein aufmunterndes Lächeln. Kinder werden immer dann am motiviertesten sein, mit Ihnen zu sprechen und auch Sprache von Ihnen aufzunehmen, wenn sie selbst den Inhalt der Unterhaltung bestimmen. Das schließt natürlich nicht aus, dass auch Sie Situationen initiieren können, in denen Sprache eine wichtige Rolle einnimmt. Geeignet sind besonders solche Situationen, die lang anhaltendes gemeinsames Nachdenken fördern (Siraj-Blatchford & Sylva, 2004): etwas planen, experimentieren, untersuchen, Probleme lösen, Vermutungen anstellen, Alternativen überlegen, sich in andere hineinversetzen (Tab. 15).

Tab. 15: Alltagssituationen, die lang anhaltendes gemeinsames Nachdenken fördern

	Wann kommt das im Kita-Alltag vor?
Planen	Ausflug, Fest, Einkauf, Aktivität (z. B. Basteln, gemeinsames Kochen)
Untersuchen, experimentieren, Vermutungen anstellen	Alltagsentdeckungen, naturwissenschaftliche Experimente, Ausflüge in die Natur, Funktion von Dingen, unterschiedliche Materialien
Probleme lösen, Alternativen überlegen, sich in andere hineinversetzen	Klären von Streitigkeiten, Eintreten unvorhergesehener Ereignisse, dialogisches Bilderbuchbetrachten, im Rahmen von Gewaltpräventionsprogrammen (z. B. „Faustlos" www.faustlos.de)

Grundsätzlich sind solche Situationen für Sprachförderung im Alltag geeignet, in denen Sprache notwendig ist, in denen gehandelt oder interagiert wird oder in denen das Kind von sich aus kommunikativen Kontakt zu Ihnen aufnimmt.

2. Analysieren

Als Nächstes müssen Sie die Situation sprachlich und inhaltlich erfassen, nur dann können Sie auch gezielt Sprache fördern. Hierzu gehören Fragen wie:

- Warum tritt das Kind mit mir kommunikativ in Kontakt?
- Womit beschäftigt sich das Kind inhaltlich?
- Womit „beschäftigt" sich das Kind sprachlich in der Situation (z. B. Wortschatz, Grammatik)?
- Wie ist der Sprachentwicklungsstand des Kindes?

Die inhaltliche Analyse fällt meist nicht schwer. Bei der Analyse der Sprache sind mehrere Varianten möglich. Ist die Äußerung des Kindes sprachlich richtig, entscheiden Sie, an welche sprachliche Ebene (z. B. Wortschatz, Aussprache, Grammatik) es sich in der (Gesprächs-)Situation anbietet, anzuknüpfen. Wenn das Kind eine fehlerhafte Äußerung produziert, sollte Ihre Reaktion diese Äußerung korrigierend aufgreifen. Beachten Sie dabei, dass uns Aussprachefehler der Kinder zwar besonders häufig auffallen, Fehler in der Grammatik oder im Wortschatz aber viel bedeutsamer für die Sprachentwicklung sind als z. B. ein Lispeln.

3. Fördern

Die erste Voraussetzung, um erfolgreich Sprache zu fördern, ist, dass Sie das Kind/die Kinder möglichst lange in dieser Situation halten. Dazu sollten Sie das inhaltliche Thema aufgreifen und einen Dialog mit dem Kind/den Kindern führen. Gesprächsanregend ist es immer, wenn Sie an die Lebenswelt der Kinder anknüpfen („Warst du da auch schon mal?", „Habt ihr das auch zu Hause?", „Hast du das auch schon einmal erlebt?"). Nehmen Sie Blickkontakt auf und begeben Sie sich auch körperlich auf die Ebene der Kinder, das hebt den Dialog aus dem Umgebungslärm hervor und lenkt die Aufmerksamkeit auf Ihre Sprache. Wenden Sie bewusst Sprachlehrstrategien an, indem Sie auf eine ganz bestimmte Art und Weise Ihre eigene Sprache gestalten und auf die Äußerungen der Kinder reagieren. Das beinhaltet Aspekte wie häufige Wiederholungen, Variationen im Sprachgebrauch, den Einsatz von Mimik, Sprachmelodie und Betonung und das Anpassen Ihrer Sprache an das Niveau des Kindes. Das Thema sprachförderliche Sprache wird im Ratgeber noch ausführlich in einem Extrakapitel behandelt. Auch spezifische Methoden zur Sprachförderung, wie das handlungsbegleitende Sprechen oder das dialogische Bilderbuchbetrachten, können zum Einsatz kommen.

4. Reflektieren

Alltagsintegrierte Sprachförderung setzt einen bewusst gestalteten Einsatz von Sprache voraus. Eine Sprachfördersituation wird daher immer komplettiert durch eine Reflexion des Erfolgs der angewandten Sprachlehrstrategien. Stellen Sie sich Fragen wie:

- Ist es mir gelungen, die Aufmerksamkeit des/Kindes/der Kinder auf meine Sprache zu lenken?
- Habe ich es geschafft, das Kind/die Kinder durch meine thematische Anknüpfung in der Situation zu halten?
- War mein Sprachniveau in der Situation angemessen?
- Ist es mir gelungen, das Kind/die Kinder in einen Dialog zu bringen?
- Haben die angewandten Sprachlernstrategien Wirkung gezeigt?

Und entscheiden Sie dann, was Sie das nächste Mal beibehalten, verstärken, abschwächen oder modifizieren wollen (Tab. 16).

Tab. 16: Dialogbeispiele

<table>
<tr><td>Kindliche Äußerung</td><td>Zwei Kinder unterhalten sich beim Spielen mit Plastiktieren.
Kind 1: „Das ist doch ein Tiger."
Kind 2: „Nein, das ist ein Löwe!"</td></tr>
<tr><td>Analysieren</td><td>Inhaltlich: Meinungsverschiedenheit bezüglich der Bezeichnung eines Tieres
Sprachlich: Es bietet sich der Bereich Wortschatz (genauer: Semantik) an, um die Merkmale von Tigern und Löwen (Gemeinsamkeiten und Unterschiede) zu festigen.</td></tr>
<tr><td>Fördern</td><td>Erzieherin: „Hmm, lasst uns die beiden doch noch mal genau anschauen. Wie sehen die denn aus?"
Kind 1: „Sind beide klein."
Erzieherin: „Ja, stimmt, die hier sind klein. Aber die echten Tiger und Löwen?"
Kind 2: „Sind groß!"
Erzieherin: „Genau. Die sehen sich ja schon ähnlich. Beide sehen aus wie große Katzen. Sie wohnen da, wo es warm ist, z. B. in Afrika. Woran kann man denn jetzt erkennen, wer der Löwe und wer der Tiger ist?"
Kind 1: „Aber der Tiger hat Streifen!"
Erzieherin: „Ahh, stimmt, der Tiger hat braune Streifen, die hat der Löwe nicht. Sein Fell ist nur gelb."
Kind 2: „Dafür hat der Löwe viele Haare."
Erzieherin: „Ja genau, der Löwe hat viele Haare am Hals, die nennt man seine Mähne."</td></tr>
</table>

<table>
<tr><td>Kindliche Äußerung</td><td>Zwei Kinder unterhalten sich über ein Buch.
Kind 1: „Schau mal, da ist das Flugzeug lang gefliegt."
Kind 2: „Und da fährt der Bus!"</td></tr>
<tr><td>Analysieren</td><td>Inhaltlich: Unterhaltung über das Thema Fahrzeuge
Sprachlich: Fehlerhafte Äußerung auf der Ebene Grammatik
→ Die unregelmäßige Vergangenheitsform von „fliegen" wird nicht korrekt gebildet.</td></tr>
<tr><td>Fördern</td><td>Erzieherin: „Oh, das Flugzeug ist da lang geflogen. Wo fliegt es denn hin?"
Kind 1: „Zum Flughafen."
Erzieherin: „Aber vorher ist es noch woanders hingeflogen, glaube ich."
Kind 2: „Es ist zu einer Insel geflogen."
Erzieherin: „Stimmt, es ist zu der Insel geflogen. Seid Ihr auch schon mal geflogen?"
Kind 1: „Ja, im Urlaub."
Kind 2: „Nein."
Erzieherin: „Ich bin auch noch nie geflogen. Ich würde aber gerne mal fliegen."
Kind 2: „Ich auch."</td></tr>
</table>

Kindliche Äußerung	Kind *(beim Frühstück):* „Meine Milch Haut hat!"
Analysieren	**Inhaltlich:** Evtl. Erstaunen oder Ekel über das Getränk **Sprachlich:** Fehlerhafte Äußerung auf der Ebene Grammatik → Das Verb steht nicht an der richtigen Stelle im Satz.
Fördern	Erzieherin: „Oh, deine Milch hat eine Haut! Ich muss mal gucken: „Hat meine Milch auch eine Haut? Ja, tatsächlich, meine Milch hat auch eine Haut. (zu einem anderen Kind gewandt) Hat deine Milch auch eine Haut?" Kind 2: „Ja!" Erzieherin: „Wie ist das denn passiert?" Kind 1: „Weiß nich." Erzieherin: „Fühlt mal außen an Euren Bechern. Wie fühlt sich der an?" Kind 1: „Warm." Erzieherin: „Ja, erst ist die Milch sogar noch richtig heiß. Und wenn sie abkühlt, dann hat sie manchmal eine Haut."

Sprachförderliche Sprache

Im Kita-Alltag geht es nicht darum, ein „Sprachtraining" zu absolvieren. Kinder lernen durch Vorbilder, und im Kindergarten sind es die Erzieherinnen, an denen sie sich orientieren. Alltagsintegrierte Sprachförderung mag quasi nebenbei geschehen, sie verlangt Ihnen als pädagogische Fachkräfte aber einen bewussten und kontrollierten Einsatz von Sprache ab. Dieser unterscheidet sich in seiner Form und seinem Inhalt von normaler Alltagssprache. Sprache alltagsintegriert gezielt zu fördern, ist also deutlich mehr als die Feststellung, dass Sie den ganzen Tag mit den Kindern sprechen. Dazu gehört auch, dass Sie Ihren eigenen Sprachgebrauch immer wieder reflektieren. Sprechen ist etwas, das wir normalerweise unbewusst tun. Wir achten meist nur darauf, was wir sagen wollen, aber selten darauf, auf welche Art und Weise wir es tun. Zu einem bewussten Einsatz von Sprache im Rahmen der alltagsintegrierten Sprachförderung gehört aber zu allererst ein Bewusstwerden des eigenen Sprachgebrauchs: Wie spreche ich? Spreche ich eher schnell oder langsam? Spreche ich viel oder wenig im Alltag mit den Kindern? Setze ich Mimik und Gestik ein? Passe ich mein Sprachniveau an? Achte ich darauf, vollständige Sätze zu formulieren? Welche Situationen nutze ich für Sprachförderung, welche nicht? Es ist sinnvoll, das ganze Team in diesen Reflexionsprozess mit einzubeziehen, weil manche Dinge von anderen eher wahrgenommen werden als von einem selbst. Bitten Sie Ihre Kollegin, Sie einmal in einer Kommunikationssituation mit den Kindern zu beobachten und Ihnen hinterher ein Feedback zu geben. Videoaufnahmen können in diesem Zusammenhang ebenfalls hilfreich sein. Ist die erste Hemmschwelle überwunden, kön-

nen solche reflektierenden Besprechungen von Videosequenzen im Team überaus produktiv und lehrreich für alle sein.
Was sprachförderliche Sprache beinhaltet, lässt sich auch davon ableiten, wie Kinder Sprache lernen. Die jetzt folgenden Ausführungen und Konsequenzen für die alltagsintegrierte Sprachförderung gelten sowohl für einsprachige als auch für mehrsprachige Kinder.

Sprechgeschwindigkeit und Verständlichkeit

Stellen Sie sich vor, Sie sitzen in der U-Bahn zufällig neben zwei Amerikanern, die sich angeregt unterhalten. Obwohl Sie Englisch in der Schule hatten, verstehen Sie wahrscheinlich nicht besonders viel von der Unterhaltung. Das liegt vor allem daran, dass die beiden einfach zu schnell sprechen und nicht besonders auf eine deutliche Aussprache achten – sie unterhalten sich ja bloß. In einer ähnlichen Situation befinden sich Kinder: Sie beherrschen eine Sprache noch nicht perfekt und ihre Sprachverarbeitung läuft zusätzlich noch langsamer ab als bei Erwachsenen (Maasen, 2002). Deshalb ist es besonders für mehrsprachige Kinder wichtig, dass Sie als Erzieherin etwas langsamer und deutlich sprechen. Die Kinder stehen nämlich vor der Aufgabe, z. B. Laute wahrzunehmen, die es in ihrer Erstsprache nicht gibt, oder die bedeutungsunterscheidende Funktion der Vokallänge im Deutschen (Beet – Bett) zu entdecken. Um diese lautlichen Unterschiede hören zu können, brauchen sie einen deutlich artikulierten Input.

> Wenn Sie mit den Kindern reden, sollte Ihre eigene Sprache langsamer und deutlich sein und viele Pausen enthalten. Bleiben Sie aber trotzdem natürlich in Ihrer Sprechweise.

Nonverbale Aspekte

Kommunikation erfolgt nicht nur in Wörtern und Sätzen, sondern auch in Gestik, Mimik, Sprachmelodie, Betonung etc. Beispiele sind die Kennzeichnung einer Frage durch das Anheben der Stimme am Satzende oder das typische Betonungsmuster des Deutschen (Betonung auf der ersten Silbe: **Ka**tze, **Ko**ffer, **Bu**tter, **Ha**se). Diese nonverbalen Anteile von Sprache spielen eine wesentliche Rolle beim Verstandenwerden und beim Sprechenlernen. Sie helfen dem Kind, z. B. einzelne Wörter in einer Äußerung zu erkennen und zu verstehen. Ein weiterer Effekt ist, dass Sie durch den verstärkten Einsatz nonverbaler Mittel Ihr Gesagtes aus dem Umgebungslärm herausheben und die Aufmerksamkeit der Kinder erreichen.

> Setzen Sie – besonders im Umgang mit jüngeren und mehrsprachigen Kindern – bewusst die nonverbalen Merkmale von Sprache ein. Ironie hingegen ist ein sprachliches Stilmittel, das Kinder häufig nicht verstehen. Sie sollte daher nur sparsam und mit einer deutlich übertriebenen Mimik, Gestik und Sprachmelodie, die das Gesagte als Humor kennzeichnen, verwendet werden.

Sprachniveau

Eine Voraussetzung zur Unterstützung des Spracherwerbs ist, dass sich die pädagogische Fachkraft in ihrer Wortwahl und ihrem Satzbau auf das Sprachniveau des Kindes einstellt. Denn Imitation ist ein wichtiges Lernprinzip im Spracherwerb. Nachahmen kann aber nur gelingen, wenn der Abstand zwischen erwachsenem und kindlichem Sprachniveau nicht zu groß ist. Unterhalb des Sprachniveaus des Kindes sollte Ihre Sprache allerdings auch nicht angesiedelt sein, d.h., die sogenannte „Babysprache" mit Ausdrücken wie: „Wauwau" für Hund, „ei ei" für Streicheln oder „heia machen" für Zubettgehen ist nicht sprachförderlich.

> Ihre Sprache sollte der Kindersprache angenähert und nur wenig komplexer sein. Das stärkt das Vertrauen und ermutigt das Kind, einen Schritt voranzugehen. Wenn Sie also mit einem jüngeren Kind über das Tier sprechen, das draußen am Zaun vorbei läuft, dann ist es der „Hund". Bei einem Vorschulkind darf es dann schon der „Dackel" sein.

Wiederholung

„Um Sprache zu lernen, müssen Kinder Sprache hören". Hinter diesem simplen Satz verbirgt sich die Forderung nach Quantität und Qualität von Sprache, die Kinder hören. Kontinuität und Wiederholung spielen beim Spracherwerb eine wichtige Rolle. Damit Kinder ihren Wortschatz erweitern und Kategorien (z.B. Fahrzeuge, Obst, Kleidung, Möbel) bilden können, brauchen sie Sprechangebote in Form von wiederkehrenden Wörtern und Sätzen in häufiger Wiederholung. So leiten sie Zusammenhänge zwischen bestimmten sprachlichen Strukturen ab (Breitenstein & Knecht, 2003). Beispielsweise gibt es im Deutschen keine Regeln für die Verwendung von Artikeln. Kinder müssen also bei jedem Nomen mitlernen, welcher Artikel dazugehört. Diese Aufgabe stellt besonders mehrsprachige Kinder, in deren Erstsprache keine bestimmten Artikel vorkommen (z.B. im Türkischen), vor eine große Herausforderung. Damit es ihnen gelingt, müssen sie die Artikel mit dem dazugehörigen Nomen im Alltag häufig genug hören. Sie sollten die Zielstruktur auch möglichst mehr als einmal wiederholen, wenn Sie auf die fehlerhafte Äußerung eines Kindes im Gespräch mit korrektivem Feedback eingehen (siehe Dialogbeispiele S. 57 und 58).

Der Kita-Alltag mit seinen immer wiederkehrenden Routinen und Situationen bietet viel Potenzial zur Wiederholung der sprachlichen Inhalte. Nutzen Sie diese Gelegenheiten! Verwenden Sie die für die Kinder neuen Wörter in einer Situation häufig und greifen Sie sie später nochmals auf.

SO ☺	SO NICHT ☹
„Gib mir mal bitte **die** Schere! Ja, **die** rote Schere ist gut."	„Gib mir mal bitte 'ne Schere!"
Einführung eines neuen Wortes: „Das ist eine Prickelnadel. Die Prickelnadel ist vorne spitz und mit der Prickelnadel kann man Löcher in Papier stechen. Fühlt mal, wie spitz die Prickelnadel vorne ist!"	*Einführung eines neuen Wortes:* „Das ist eine Prickelnadel. Vorne ist sie spitz und damit kann man Löcher in Papier stechen. Fühlt mal, wie spitz sie vorne ist!"
Korrektives Feedback: Kind: „Ich bin da entlang gelauft!" Erzieherin: „Wo bist du entlang gelaufen? Ach, da bist du entlang gelaufen! Da bin ich ja noch nie entlang gelaufen. Toll, ich wusste gar nicht, dass man da entlang laufen kann."	*Kein korrektives Feedback:* Kind: „Ich bin da entlang gelauft!" Erzieherin: „Toll!"

Vollständigkeit von Äußerungen

Wenn wir abends auf dem Sofa sitzen und uns mit Freunden unterhalten, dann sprechen wir nicht wie „gedruckt". Im Gegenteil, wir sprechen häufig in kurzen, oft unvollständigen Sätzen und werden von unseren erwachsenen Gesprächspartnern trotzdem verstanden. Der sprachliche Bildungsauftrag stellt dagegen bestimmte Anforderungen an die Art und Weise, wie Sie sprechen sollen, um ein Vorbild zu sein.

Auch wenn es uns eigentlich klar ist, dass wir in ganzen Sätzen sprechen sollten, wenn wir Sprache fördern wollen, schleichen sich im Alltag doch häufig Satzfragmente wie die Verwendung von Infinitiven ein (Beispiel: „Laura, Hände waschen!"). Nehmen Sie sich in den vielen Routinesituationen des Alltags ganz bewusst die wenigen Sekunden mehr, um einen vollständigen Satz zu formulieren: „Laura, wäschst du dir bitte noch deine Hände!"

SO ☺	SO NICHT ☹
„Bitte zieht euch an!"	„Anziehen!"
„Räumst du bitte die Puppenecke auf!"	„Aufräumen!"
„Greta, du musst noch Hände waschen!"	„Hände waschen!"

Handlungen sprachlich begleiten

Sie haben in früheren Kapiteln bereits gelesen, dass Sprache am besten in realen Situationen gelernt wird. Kinder haben so die Möglichkeit, Sprache sofort mit konkreten Gegenständen und Handlungen zu verbinden. Eine besonders intensive Variante diese Tatsache im Rahmen der alltagsintegrierten Sprachförderung zu nutzen, ist das handlungsbegleitende Sprechen. Sprache und Handlung passieren in solchen Situationen gleichzeitig. Die Kinder fühlen, schmecken, riechen, sehen und hören ganz konkret, worüber gesprochen wird. Sprache prägt sich so besonders gut ein. Lassen Sie im Alltag keine Gelegenheit aus, um die Dinge und Handlungen, die Sie und die Kinder gerade betreffen, bewusst zu benennen.

SO ☺	SO NICHT ☹
„Leg bitte den Deckel wieder auf die Box."	„Mach mal da zu!"
„Ich hole das neue Papier aus dem Büro."	„Ich hol mal kurz was."

Beim handlungsbegleitenden Sprechen können Sie Ihre eigenen Handlungen (z. B. beim Essenzubereiten), Handlungen am Kind (z. B. beim Anziehen) oder Handlungen des Kindes (z. B. auf dem Bauteppich) kommentierend versprachlichen. Auch wenn Sie wahrscheinlich jeweils nur einige Minuten so detailliert sprechen werden, nehmen Kinder aus solchen Situationen sprachlich viel mit.

Handlungsbegleitendes Sprechen	
SO ☺	**SO NICHT ☹**
Beim Apfelschneiden → Erzieherin kommentiert ihre eigene Handlung: „Jetzt schneide ich den Apfel in der Mitte durch. Ich hole das Kerngehäuse mit dem Messer heraus und schäle dann den Apfel. Zum Schluss schneide ich den Apfel noch in Spalten und lege sie auf den Teller."	*Beim Apfelschneiden* Erzieherin: „Ich schneid' euch mal 'nen Apfel auf."

Handlungsbegleitendes Sprechen	
SO ☺	**SO NICHT ☹**
Kind spielt mit Plastiktieren → Erzieherin kniet sich dazu und kommentiert die Handlungen des Kindes: „Jetzt kommt der Elefant angelaufen und der schubst den Tiger um. Na so was! Du stellst den Tiger wieder hin und gibst ihm Futter. Der Elefant möchte auch Futter haben und schubst schon wieder den Tiger um. …"	*Kind spielt mit Plastiktieren* Erzieherin: „Oh, spielst du mit den Tieren?"

Variations- und Kontrastreichtum

Kinder lernen Sprache nicht in Vokabelform oder Schemasätzen. Sie brauchen komplexe Satzstrukturen und sprachliche Kontexte, um ihren Wortschatz zu erweitern oder grammatische Regeln abzuleiten (Arnon & Clark, 2011; Gomez, 2002). Besonders für die Entwicklung der Satzbauregeln ist es entscheidend, dass Kinder ganze Sätze in unterschiedlichen Variationen hören (Rothweiler, 2009). Nur so können sie z.B. lernen, dass das Verb im Deutschen an verschiedenen Positionen im Satz stehen kann: Im Hauptsatz meist an der zweiten Stelle (Ich male ein Bild), im Nebensatz (…, weil ich Lust habe) am Ende und im Fragesatz (Malst du mit?) am Anfang.

Achten Sie beim Sprechen nicht nur auf die Variation des Inhalts, indem Sie Dinge differenziert benennen und die Äußerungen der Kinder inhaltlich erweitern. Auch grammatikalisch sollte Ihre Sprache reichhaltig und variabel sein, damit die Kinder die wichtigen Elemente dieser sprachlichen Ebene kennenlernen (z.B. Satztypen, Zeitformen, Verbstellung).

SO ☺	SO NICHT ☹
„Pia, bitte räum auf! Die Bauecke muss auch noch aufgeräumt werden! Wer räumt die Klötze weg? Ach toll Luka, du hast schon aufgeräumt."	„Alle aufräumen!"

Richtig auf Fehler reagieren

Kinder produzieren im Rahmen ihrer Sprachentwicklung viele unvollständige oder fehlerhafte Äußerungen. Das ist ganz normal. Im Lernprozess vereinfachen sie sich die Sprache nach ihren Möglichkeiten (z.B. werden aus den schwierig zu bildenden Lauten /k/+/g/ die einfach zu bildenden Laute /t/+/d/) oder probieren sprachliche Regeln aus (z.B. malen – gemalt, laufen – gelaufen, fliegen

– gefliegt). Wenn Sie auf solche Äußerungen reagieren, sollte es immer Ihr Ziel sein, die Sprechfreude des Kindes zu stärken, den Dialog aufrechtzuerhalten und trotzdem eine Korrektur der sprachlichen Fehler anzubieten (Tab. 17).
Ein direkter Hinweis auf sprachliche Fehler („So heißt das nicht!") oder eine Aufforderung zum Nachsprechen ist nicht sinnvoll. Kinder orientieren sich in ihrem Spracherwerb immer an kompetenteren Sprechern und nehmen Korrekturen auch auf, wenn sie nur beiläufig im Gespräch angeboten werden. Die Tabelle fasst verschiedene Möglichkeiten der sprachlichen Reaktion zusammen.

Tab. 17: Mögliche Reaktionen auf unvollständige oder fehlerhafte Äußerungen von Kindern (in Anlehnung an Dannenbauer, 2002)

Sprachliche Reaktion	Beispiel
Korrektives Feedback: → die Äußerung korrigiert wiederholen	Kind: „Tina Milch trinken." Erzieherin: „Ja, Tina trinkt Milch."
Erweiterung: → die Äußerung aufgreifen und im Gespräch fortführen	Kind: „Auto fahren." Erzieherin: „Ah, da vorne fährt ein Auto, stimmt. Wo fährt es denn hin? Ich glaube, das Auto fährt zum Bahnhof. ..."
Alternativfrage: → Vorgabe der korrekten und nicht korrekten Antwortmöglichkeit zur Auswahl	Kind: „Der hat einen Hut auf dem Topf!" Erzieherin: „Einen Hut auf dem Topf oder Kopf?"

Sprachförderliche Sprache heißt:

- Etwas langsamer und deutlich sprechen
- Genügend Pausen machen
- Sprache mit Melodie, Betonung, Mimik und Gestik unterstützen
- Sich dem Sprachniveau des Kindes anpassen
- Für häufige Wiederholung der sprachlichen Inhalte sorgen
- In vollständigen Sätzen sprechen
- Handlungen sprachlich begleiten und Dinge explizit benennen
- Sprache inhaltlich und grammatikalisch variationsreich einsetzen
- Fehlerhafte Äußerungen beiläufig im Gespräch korrigieren

Sprachförderung bei mehrsprachigen Kindern

Auch wenn Sie als einsprachige pädagogische Fachkraft mehrsprachige Kinder nicht in allen ihren Erstsprachen fördern können, haben Sie einen wesentlichen Einfluss auf die zweisprachige Entwicklung der Kinder: Für diese – und auch für ihre Eltern – ist der Eintritt in eine einsprachige Kita meist mit der Empfindung verbunden, dass außerhalb der Familie nur die Umgebungssprache (also Deutsch in Deutschland) wichtig und gefragt ist. Vom Umgang der Erzieherinnen mit den Erstsprachen der Kinder kann es abhängen, ob Kinder diese weiterhin verwenden oder den Gebrauch mit der Zeit verweigern. Es geht hier weniger darum, außergewöhnliche Anstrengungen zu unternehmen, als vielmehr um die innere Einstellung zur Mehrsprachigkeit: Nehmen Sie die Mehrsprachigkeit in Ihrer Einrichtung als Bereicherung wahr, auch wenn die oft ungünstigen Rahmenbedingungen dies erschweren. Mehrsprachige pädagogische Fachkräfte stellen in diesem Zusammenhang eine große Ressource dar, die genutzt werden sollte. Mehrsprachige Kinder brauchen beide Sprachen, um in ihrer zweisprachigen Lebenswelt handlungsfähig sein zu können. Die zentrale Empfehlung lautet daher, in der Kindertagesstätte eine Atmosphäre zu schaffen, in der Kinder Mehrsprachigkeit als etwas Normales und Wertvolles erleben und Eltern in ihrer zweisprachigen Erziehung unterstützt werden.
Es gibt viele Möglichkeiten, die unterschiedlichen Sprachen der Kinder Ihrer Gruppe in den Alltag zu integrieren. Versuchen Sie (gemeinsam mit den Kindern in der Gruppe), von den zweisprachigen Kindern spielerisch einige griechische, türkische, polnische ... Wörter zu lernen, z. B., indem jeden Tag in einer anderen Sprache „Guten Morgen" oder „Guten Appetit" gesagt wird oder die Farbbezeichnungen bei Spielen in allen Sprachen genannt werden etc. Für zweisprachige Kinder sind derartige Bemühungen Ihrerseits mit der wichtigen Erfahrung verbunden: „Ich kann etwas Besonderes, andere können und wollen etwas von mir lernen." Neben den zweisprachigen Kindern, die so auch im einsprachigen Kindergarten Gelegenheit haben, ihre Sprache zu hören und zu verwenden, profitieren aber auch die einsprachigen Kinder davon. Sie entwickeln ein Interesse für fremde Sprachen: Wie hört sich das an? Wie klingt die Sprachmelodie? Wie spricht man das aus? Was heißt das wohl?
Wecken Sie die Neugier und Lust der Kinder auf Sprachen!

Ansonsten gelten für die Sprachförderung (im Deutschen) von ein- und mehrsprachig aufwachsenden Kindern dieselben Prinzipien: Kinder erwerben Sprache durch Imitation und Verstärkung, unbewusst-intuitiv, ganzheitlich, in Interaktion und konkreter Handlung. Hier muss Sprachförderung ansetzen, um Kinder wirklich zu erreichen und sie in ihrer Entwicklung zu unterstützen.

Elternarbeit im Rahmen der Sprachförderung

Eltern sollten im Rahmen der alltagsintegrierten Sprachförderung unbedingt mit „ins Boot" geholt werden, weil sie die wichtigsten Bezugspersonen ihrer Kinder sind. Die Erziehung, die Kultur, die Wertvorstellungen und die soziale Struktur im Elternhaus prägen die Kinder und sind ein wesentlicher Einflussfaktor auf ihrem Bildungsweg. Ein Stück dieses Weges begleiten Sie die Eltern und das Kind. Damit aus dieser Begleitung eine Unterstützung wird, muss aus dem Nebeneinanderher ein Miteinander zum Wohle des Kindes werden. Dazu sind von beiden Seiten Respekt, Offenheit und der Wille zum Austausch über Erziehung und Entwicklung des Kindes gefragt. Vorstellungen, Erwartungen und Anforderungen in dieser Beziehung müssen immer wieder auf Augenhöhe diskutiert werden (Brock, 2012). Als pädagogische Fachkraft nehmen Sie in dieser Beziehung den professionellen Teil wahr, d. h., Sie initiieren die Kommunikation, nehmen eine konstruktiv sachliche Gesprächshaltung ein und reflektieren.

Ziele der Elternarbeit (Friedrich, 2011):

- Kontinuität in der Erziehung, Bildung und Betreuung
- Stärkung der Erziehungskompetenz der Eltern
- Mitbestimmung in der Kindertageseinrichtung

Einbezug der Eltern

Ein Ziel von Sprachförderung in der Kindertagesstätte ist es, Chancengleichheit für alle Kinder am Beginn ihres Bildungsweges herzustellen. Der Einbezug der Eltern als wichtige Ressource ist immer wieder eine Herausforderung. Denn leider stellt es sich so dar, dass die Bereitschaft an (Bildungs-)Angeboten teilzunehmen sinkt, je geringer das Durchschnittseinkommen und das Bildungsniveau der Familie ist. Bereitschaft sich auf Neues einzulassen, setzt ein Sich-angenommen-Fühlen und emotionale Beteiligung voraus. Offenheit, Interesse am anderen, Vorurteilsfreiheit und Einbezug von Verschiedenartigkeit sind Eigenschaften, die gefragt sind, egal, ob es sich um den Umgang mit einsprachigen oder mehrsprachigen Eltern handelt. Die Identifikation mit „ihrer" Kita fördert bei den Eltern die Bereitschaft, Verantwortung für die Inhalte zu übernehmen, die dort vermittelt werden. So bilden gemeinsame freudvolle Aktivitäten einen guten Ausgangspunkt, um die Eltern in die (Sprach-)Förderung ihrer Kinder einzubeziehen.

TIPPS

Beispiele für gemeinsame Aktivitäten:

- Backen/Kochen von Lieblingsgerichten zusammen mit Kindern und Eltern
- Eltern bringen etwas Persönliches von zu Hause mit und erzählen darüber gemeinsam mit dem Kind
- Reparatur von Spielzeugen und Geräten oder Renovierungsarbeiten (Väter!)
- Von Eltern gestaltete Vorlesestunden
- Einüben und Singen von Liedern in anderen Sprachen
- Begleitung von Ausflügen

Gemeinsamer Alltag schafft Verbundenheit, bietet Gesprächsanlässe und kann Brücken bauen, an bildungsnahen Angeboten teilzunehmen. Damit Eltern Angebote wie z. B. Themenelternabende wahrnehmen, sollten sie bei der Auswahl der Inhalte einbezogen werden. Der Zugang zur Teilnahme sollte so einfach wie möglich gestaltet werden. Begünstigend wirkt sich z. B. eine kostenlos angebotene Kinderbetreuung aus, wenn das Angebot tagsüber stattfindet. Auch geringe oder gar keine Kosten für das Angebot sind förderlich (Sterzing, 2011). Machen Sie nicht nur über Aushänge Werbung, sondern sprechen Sie Eltern, für die bestimmte Angebote besonders relevant sind, persönlich an, das erhöht den Aufforderungscharakter und schafft Verbindlichkeit. Nehmen überwiegend Eltern mit einer anderen Erstsprache an dem Angebot teil, sollte ein Dolmetscher organisiert werden und schriftliches Material auch in anderen Sprachen vorliegen.

Austausch mit den Eltern

Eltern begleiten ihr Kind von Geburt an und bringen ihm intuitiv die Sprache und das Sprechen bei. Der Austausch mit den Eltern ist deshalb für die sprachliche Förderung von Kindern eine wesentliche Voraussetzung. Es ist notwendig, sich über den Sprachgebrauch und das sprachliche Umfeld des Kindes zu informieren. Den Eltern wird dadurch vermittelt, dass sie und ihr Kind ernst genommen werden und Sprachförderung einen wichtigen Stellenwert im Kindergarten hat. Für Sie als Fachkraft sind diese Informationen wiederum wertvoll, um in der alltagsintegrierten Sprachförderung an die individuellen Erfahrungen des Kindes anknüpfen zu können.

In der Praxis kann das so aussehen, dass Sie z. B. in jeder Gruppe ein Buch auslegen, in das die Eltern morgens besondere Ereignisse eintragen können, die zu

Hause stattgefunden haben (z. B. Feier, Ausflug, Besuche, ...). Sie können diese Ereignisse dann mit dem Kind thematisieren, auch wenn es nicht von sich aus davon berichtet. Gesprächen zwischen „Tür und Angel" kommt ebenfalls eine wichtige Funktion zu. Elternabende bieten pädagogischen Fachkräften und Eltern, aber auch Eltern untereinander, die Gelegenheit, ins Gespräch zu kommen. Hierzu können ggf. externe Referentinnen eingeladen werden (z. B. eine Logopädin aus der Nachbarschaft), denen die Eltern dann Fragen zu Sprachentwicklung und Sprachauffälligkeiten stellen können.

Das Entwicklungsgespräch

Erzieherinnen haben aufgrund des damit verbundenen Zeitaufwands oft ein zwiespältiges Verhältnis zu dieser Gesprächsform. Deshalb ist es unbedingt notwendig, dessen Ablauf strukturiert zu planen und den Eltern transparent zu kommunizieren, welche Inhalte das Gespräch haben wird und was nicht Thema ist (alle anderen Anliegen der Eltern und pädagogischen Fachkräfte: aktuelle Konflikte, organisatorische Probleme, pädagogische Grundfragen etc.). Dann können solche Gespräche auch regelmäßig (1-2 x im Jahr) in den Kita-Alltag integriert werden.

Entwicklungsgespräche sind individuelle Gespräche, in denen sich Eltern und Erzieherinnen über die Entwicklung des Kindes austauschen. Sie finden regelmäßig mit allen Eltern statt, basieren auf den Beobachtungen, die Erzieherinnen und Eltern vom Kind machen, und dienen dazu, die Eltern für ihr Kind zu sensibilisieren und sich auf ein gemeinsames Vorgehen in der Begleitung der kindlichen Entwicklung abzustimmen. Entwicklungsgespräche werden von den Erzieherinnen initiiert (vgl. Mienert & Vorholz, 2007, S. 88).

Damit Sie die Sichtweise der Eltern auf ihr Kind erfassen können, müssen Sie geeignete Fragen stellen. Zunächst einmal sollten es offene Fragen sein (Wie?, Warum?, Wo?, Wann?, Wer? ...).

Fragen zur Sprachentwicklung, die geklärt werden sollten:

- Wie hat sich das Kind seit dem letzten Gespräch – aus Sicht der Eltern – sprachlich entwickelt?
- Gibt es seit dem letzten Entwicklungsgespräch große Veränderungen?
- Was vermuten die ErzieherInnen/Eltern, woher diese Veränderungen kommen?
- Wie ist der „Gesprächsalltag" in der Familie, wie wird kommuniziert?
- Was und wie berichtet das Kind über Erlebnisse im Kindergarten?
- Fragen die Eltern nach, was das Kind im Kindergarten gemacht hat?
- Wird dem Kind zu Hause vorgelesen und hat das Kind eigene Bilderbücher?
- Wie viel Zeit verbringt das Kind pro Tag vor dem Fernseher/Computer?

Mögliche Fragen an Eltern mehrsprachiger Kinder:

- Welche Sprachen werden zu Hause von den verschiedenen Familienmitgliedern mit dem Kind gesprochen?
- Wie gut sprechen die Eltern die jeweiligen Sprachen?
- Werden die Sprachen personengetrennt (Mutter Sprache 1 – Vater Sprache 2) bzw. situationsgetrennt (zu Hause Sprache 1 – außer Haus Sprache 2) angeboten?
- Kann sich das Kind in der Erstsprache gut verständigen?
- Wo macht das Kind noch Fehler in der Erstsprache?
- Spricht es die Erstsprache deutlich?
- Zeigt das Kind Interesse an Büchern in der Erstsprache?

Exkurs Gesprächsführung:
Um sich mit den Eltern über die (sprachliche) Entwicklung ihres Kindes auszutauschen, sollten einige Grundlagen professioneller Gesprächsführung berücksichtigt werden. Diese reichen von einem guten ersten Eindruck bis zu Techniken, die dazu dienen, dass Sie als kompetenter Gesprächspartner erlebt werden, dem sich Eltern im Gespräch vertrauensvoll öffnen können und von dem sie sich verstanden fühlen (Reisch, 2005).
Das sogenannte „aktive Zuhören" bildet die Grundlage für jedes Entwicklungsgespräch. Es hat zum Ziel, dass sich Ihr Gesprächspartner angenommen fühlt und eine Vertrauen schaffende Atmosphäre im Gespräch herrscht. Aktives Zuhören beinhaltet Elemente wie: Blickkontakt, zustimmendes Kopfnicken, das Wahrnehmen und Ansprechen von Emotionen, den Gesprächspartner ernst nehmen, sich über das Gesagte rückversichern, das Gesagte nicht bewerten. Die Bereitschaft, sich in die Sichtweise des Gesprächspartners hineinzuversetzen, signalisieren Sie

mit Formulierungen wie: „Wie sehen Sie das?", „Wie würden Sie xy beschreiben?" „Verstehe ich Sie richtig, ...?", „Ihnen ist also wichtig, dass ..."
In der folgenden Übersicht ist günstiges und ungünstiges Gesprächsverhalten (u.a. nach Reisch, 2005) zusammengefasst.

SO ☺	SO NICHT ☹
Aussagen auf konkrete Situationen beziehen („Letzte Woche ist mir beim Frühstück aufgefallen ...")	Verallgemeinerungen („Immer macht er/sie ...", „Man konnte ja schon von Anfang an sehen, dass ...", „nie")
Die eigene Meinung kenntlich machen („Ich nehme Ihr Kind ... wahr.", „Ich habe das Gefühl, dass ...")	Verallgemeinerungen („Man hat das Gefühl ...", „Man kann doch nicht ...", „Wir sind der Meinung, dass ...")
Fragen (immer nur eine Frage stellen, präzise und verständlich, offen, ggf. umformulieren)	Feststellungen, Mutmaßungen („Es ist Ihnen doch sicherlich auch schon aufgefallen ...", „Offensichtlich ist doch, dass ...")
Zeit zum Nachdenken geben	Ständiges Unterbrechen
Gemeinsam das Kind betrachten (Was macht das Kind aus? Welche Dinge beschäftigen das Kind? Was sind seine Stärken? Wo sind Bereiche, in denen es noch Unterstützung benötigt)	Defizitbrille (Schwierigkeiten, Schwächen, Probleme, mangelnde Fähigkeiten)
Lösungsorientiert formulieren („Was können wir jetzt tun?", „Was würde helfen?", „Wie können Sie das zu Hause umsetzen?")	Belehrungen, Ermahnungen, Schuldzuweisungen („Das können Sie so aber nicht machen!", „Daran sind Sie selbst schuld.")
Gemeinsam den weiteren Weg planen („Was können wir tun, um Ihr Kind zu unterstützen?", „Würden Sie diesem Vorschlag zustimmen, oder haben Sie einen anderen?")	Belehrungen, Ermahnungen, Schuldzuweisungen *oder* Moralische Bewertungen der Person des Kindes/der Eltern *oder* Diagnosen stellen (hyperaktiv, verhaltensgestört, leistungsschwach, unsozial)

Die sprachliche Entwicklung ist, wie andere Entwicklungsbereiche (Motorik, Kognition, ...), keine starre Abfolge von genau festgelegten Schritten, die zu einem bestimmten Zeitpunkt zu erfolgen haben. Es handelt sich vielmehr um einen bei jedem Kind unterschiedlichen Weg mit Anfang (Geburt) und Ziel (Einschulung), in dessen Verlauf bestimmte „Meilensteine" passiert werden. Das sollte Eltern zu allererst vermittelt werden, auch um ausgeprägtes Vergleichen zwischen gleichaltrigen Kindern zu vermeiden. Diese große Spannbreite kindlicher Entwicklung macht die Frage danach, was „normal" und was „nicht normal" ist, so schwierig. Trotzdem ist es natürlich genau diese Frage, auf die Eltern von Ihnen im Entwicklungsgespräch eine Antwort erhalten möchten. Um eine Antwort zu finden, sollten Sie laut Mienert und Vorholz (2007) immer zwei Blickwinkel berücksichtigen:

1. Der Blick auf das Kind im Vergleich zu anderen Kindern seines Alters
2. Der individuelle Blick auf das Kind in seinem eigenen Entwicklungsverlauf

Den ersten Blickwinkel können Sie z. B. mithilfe der „Meilensteine" der Sprachentwicklung (Teil 1) grob beurteilen. Der zweite Blickwinkel gilt den von den Eltern und Ihnen mit dem Kind gemachten Beobachtungen im Alltag. Hier kann individuellen Veränderungen gemeinsam nachgegangen werden. Außerdem ist ein beratender Austausch mit Logopäden/Sprachtherapeuten in diesem Zusammenhang unbedingt angezeigt.

Möglichkeiten der Elterninformation

Alltagsintegrierte Sprachförderung in der Einrichtung auch für die Eltern sichtbar zu machen, ist auf unterschiedliche Weise möglich. Formulieren Sie Leitsätze zur Umsetzung und hängen Sie diese auf. Richten Sie eine Info-Ecke zum Thema „Sprachförderung" ein. Hier können abwechselnd Informationen zu relevanten Themen, wie Fernsehkonsum, Vorlesen, Schulvorbereitung etc. ausgelegt werden. Auch eine Ausstellung oder Liste mit pädagogisch wertvollen Büchern und Spielen hat dort ihren Platz. Ein Ordner mit aktuellen Liedtexten sowie Ratgeber zum Ausleihen oder kostenlose Informationsbroschüren zum Mitnehmen können ausgelegt werden.

Webseiten und kostenlose Online-Materialien zur Elternberatung:

- Der Bundesverband für Logopädie unterhält die Webseite http://www.sprich-mit-mir.org/start.html. Hier können sich Eltern ein- und mehrsprachiger Kinder zu den Themen Sprachentwicklung und Sprachförderung informieren. Die Webseite kann auch auf Türkisch oder Russisch aufgerufen werden und enthält ebenfalls kostenlose Merkblätter in diesen Sprachen zum Download.

- Das Bundesministerium für Familie, Senioren, Frauen und Jugend bietet kostenlose Elternbriefe (für 0- bis 3-Jährige und für 3- bis 6-Jährige) zum Thema Sprachentwicklung und Sprachförderung sowohl in Deutsch als auch in Englisch, Polnisch, Türkisch, Arabisch, Französisch, Griechisch, Italienisch, Russisch und Serbisch an. Die Elternbriefe greifen Fragen rund um die sprachliche Entwicklung und Förderung von Kindern auf. Downloadadresse: http://www.a4k.de/downloads/sprachentwicklung-downloads.html

- Ein weiterer Elternbrief zum Thema Sprachförderung für Eltern von ein- und mehrsprachigen Kindern mit dem Titel: „Wie lernt mein Kind 2 Sprachen: Deutsch und die Familiensprache?" des bayrischen Instituts für Frühpädagogik kann auf folgender Internetseite ebenfalls kostenlos in 18 Sprachen als PDF-Datei heruntergeladen werden: http://www.familienhandbuch.de/cmain/f_Fachbeitrag/a_Erziehungsbereiche/s
- Eine Liste mit zweisprachigen Bilderbüchern bzw. Übersetzungen von Kinderbüchern finden Sie unter:
http://www.manfred-huth.de/zwei/bild.html
http://www.Erzieherin.de/assets/files/paedagogischepraxis/Blick1tps_10_09_34-37-1.pdf

Elternberatung bei Mehrsprachigkeit

Es gibt nicht nur *einen* richtigen Weg Kinder zu erziehen. Prinzipien, die Familien verschiedener Kulturen als wichtig erachten, können dabei sehr gegensätzlich sein (z. B. Rechte/Pflichten des Einzelnen vs. Rechte/Pflichten der Gemeinschaft). Aber auch innerhalb einer Kultur haben nicht alle Menschen die gleichen Vorstellungen und Werte. Diese Erkenntnis bildet die Grundlage für den Umgang mit Menschen anderer Herkunftssprachen und Kulturkreise – im Grunde genommen für den Umgang mit jedem Menschen. Kultursensibles Handeln bedeutet, um mögliche kulturelle Unterschiede zu wissen, z. B. in der Erziehung oder Kommunikation, ohne in ein Schubladendenken zu verfallen. Es beinhaltet eine Haltung von Offenheit, Empathie, Toleranz und Akzeptanz. In der Gesprächsführung drückt es sich unter anderem dadurch aus, dass Sie mit Interesse zuhören und fragen, beschreiben, ohne zu bewerten, sowie die Aussagen des Gesprächspartners in eigenen Worten zusammenfassen (Erll & Gymnich, 2011). Gleichzeitig sollten Sie aber auch Ihre eigenen Bedürfnisse und Ansichten verbalisieren. Wenn diese Voraussetzungen gegeben sind, kann Kommunikation auf Augenhöhe stattfinden und können Lösungen gefunden werden, die für alle Parteien akzeptabel sind.

Eltern, die sich mit Erziehungsfragen an Sie wenden, suchen Informationen. Oft sind sie verunsichert und haben das Vertrauen, von Ihnen einen fachlichen Rat zu bekommen. Berücksichtigen Sie die Prinzipien einer nicht-direktiven Beratung. Sie basiert auf der Überzeugung, dass prinzipiell jeder Mensch selbst am besten weiß, was für ihn gut ist. Unterstützen Sie die Eltern darin, herauszufinden, welcher Weg der Spracherziehung für sie der richtige ist. Machen Sie ihnen

bewusst, dass letztendlich sie selbst entscheiden müssen, wie sie die sprachliche Erziehung ihres Kindes gestalten möchten, und auch selbst für die Umsetzung verantwortlich sind. Unterstützen Sie Eltern in der Fortführung der mehrsprachigen Erziehung. Klären Sie über Mehrsprachigkeit auf. Versuchen Sie, Vorurteile abzubauen, indem Sie über Mehrsprachigkeit und die Bedeutung der Muttersprache für die Gesamtentwicklung des Kindes informieren. Regen Sie einen Austausch zwischen ein- und zweisprachigen Familien an, z. B. auf Elternabenden oder bei Festen. Vermitteln Sie allen Kindern und Eltern Interesse und Akzeptanz gegenüber fremden Sprachen. Der Ratschlag: „Sprechen Sie so oft wie möglich deutsch mit Ihrem Kind" ist gut gemeint und basiert auf dem Wissen, dass ein Kind eine Sprache umso besser lernt, je öfter es sie hört. Er macht aber wenig Sinn, wenn die Eltern selbst nur mangelhaft Deutsch sprechen und die muttersprachliche Erziehung ihnen für ihr Kind wichtig ist. Eltern sollten deshalb immer in der Sprache mit ihrem Kind sprechen, die sie am besten beherrschen. Eine sprachanregende Umgebung, in der die Erstsprache gesprochen wird, ist genauso relevant für den mehrsprachigen Spracherwerb wie eine Förderung der Zweitsprache Deutsch (siehe Seite 18 „Bausteine eines erfolgreichen (sukzessiven) Zweitspracherwerbs").
Es gilt also die Balance zu halten zwischen dem berechtigten Wunsch der Eltern, dass ihr Kind die Sprache und Kultur ihres Herkunftslandes mit ihnen teilt, und der Wichtigkeit des Erwerbs der Bildungssprache Deutsch vor Schulbeginn.

| Quellen

Albers, T. (2010). Sprachdiagnostik im Kindergarten. Zur Bedeutung interdisziplinärer Zugänge bei der Bestimmung sprachlicher Kompetenzen von Kindern im Vorschulalter. Forum Logopädie, 5(24), 26-31.

Arnold, D. H., Lonigan, C. J., Whitehurst, G. J., Epstein, J. N. (1994). Accelerating language development through picture-book reading: Replication and extension to a videotape training format. Journal of Educational Psychology, 96, 235-243.

Arnon, I., Clark, E. V. (2011). Why brush your teeth is better than teeth: children's word production is facilitated in familiar sentence-frames. Language Learning and Development, 7(2), 107-129.

Breitenstein, C., Knecht, S. (2003). Spracherwerb und statistisches Lernen. Nervenarzt, 74, 133-143.

Brock, I. (2012). Frühpädagogische Fachkräfte und Eltern – Psychodynamische Aspekte der Zusammenarbeit. München: Deutsches Jugendinstitut.

Christansen, C. (2005). Wuppis Abenteuer-Reise durch die phonologische Bewusstheit. Oberursel: Finken.

Cito Deutschland (Hrsg.) (2010). CITO-Sprachtest. Solingen: Institut für Testentwicklung.

Clahsen, H. (1986). Die Profilanalyse. Berlin: Marhold.

Clahsen, H., Penke, M. (1992). The acquisition of agreement morphology and its syntactic consequences: New evidence on German child language from the Simone-Corpus. In: Meisel, J. (Hrsg.): The acquisition of verb placement: functional categories and V2 phenomena in language acquisition. Dordrecht: Kluwer: 181-223.

Dannenbauer, F. M. (2002). Grammatik. In: Baumgartner, S., Füssenich I. (Hrsg.): Sprachtherapie mit Kindern. München: Reinhardt, 105-161.

Döpfner, M., Dietmair, I., Mersmann, H., Simon, K., Trost-Brinkhues, G. (2004). S-ENS. Screening des Entwicklungsstandes bei Einschulungsuntersuchungen. Göttingen: Hogrefe.

Erll, A., Gymnich, M. (2011). Interkulturelle Kompetenzen. Stuttgart: Klett.

Friedrich, T. (2011). Zusammenarbeit mit Eltern – Anforderungen an frühpädagogische Fachkräfte. München: Deutsches Jugendinstitut.

Fox, A. V. (2011). Kindliche Aussprachestörungen: Phonologische Entwicklung, Differentialdiagnostik, Therapie. 6. Aufl., Idstein: Schulz-Kirchner.

Gomez, R. (2002). Variability and detection of invariant structure. Psychological Science, 17, 431-435.

Grimm, H., Aktas, M., Kießig, U. (2003). SSV. Sprachscreening für das Vorschulalter. Göttingen: Hogrefe.

Grimm, H., Aktas, M., Frevert, S. (2001). SETK 3-5 – Sprachentwicklungstest für drei- bis fünfjährige Kinder. Göttingen: Hogrefe.

Hausendorf, H., Quasthoff, U. A. (1996). Sprachentwicklung und Interaktion: Eine linguistische Studie zum Erwerb von Diskursfähigkeiten bei Kindern. Wiesbaden: Westdeutscher Verlag.

Jampert, K., Best, P., Guadatiello, A., Holler, D., Zehnbauer, A. (2007). Schlüsselkompetenz Sprache. Sprachliche Bildung und Förderung im Kindergarten. Konzepte – Projekte – Maßnahmen. 2. überarb. Aufl., Weimar: Verlag das netz.

Kany, W., Schöler, H. (2010). Fokus: Sprachdiagnostik. Leitfaden zur Sprachstandsbestimmung im Kindergarten. Berlin: Cornelsen Scriptor.

Kreuzer, M., Ytterhus, B. (Hrsg.) (2011). „Dabeisein ist alles" – Inklusion und Zusammenleben im Kindergarten. München: Ernst Reinhardt.

Küspert, P., Schneider, W. (2008). Hören, lauschen, lernen: Sprachspiele für Kinder im Vorschulalter. Würzburger Trainingsprogramm zur Vorbereitung auf den Erwerb der Schriftsprache, 6. Aufl., Göttingen: Vandenhoeck & Ruprecht.

Licandro, U., Lüdtke, U. (2013). Peer-Interaktionen. Sprachbildung in der und durch die Gruppe. Nifbe-Themenheft Nr. 15. Osnabrück: Nifbe.

Lisker, A. (2010). Sprachstandsfeststellung und Sprachförderung im Kindergarten und beim Übergang in die Schule. München: Deutsches Jugendinstitut e.V. (Hrsg.).

Lengyel, D. (2012). Sprachstandsfeststellung bei mehrsprachigen Kindern im Elementarbereich. München: Deutsches Jugendinstitut e. V. (Hrsg.).

Maasen, B. (2002). Issues contrasting adult acquired versus developmental apraxia of speech. Seminars in Speech and Language, 23, 257-266.

Mienert, M., Vorholz, H. (2007). Gespräche mit Eltern: Entwicklungs-, Konflikt- und Informationsgespräche. Troisdorf: Bildungsverlag EINS.

Neugebauer, U., Becker-Mrotzek, M. (2013). Die Qualität von Sprachstandsverfahren im Elementarbereich. Eine Analyse und Bewertung. Mercator-Institut für Sprachförderung und Deutsch als Zweitsprache (Hrsg.).

Otten, M., Ender, U. (2007). Ich bin Max. Köln: Prolog-Verlag.

Penner, Z., Krügel, Ch. (2007). Sprache und frühkindliche Bildung. Das Programm-Handbuch. Troisdorf: Bildungsverlag EINS.

Reisch, R. (2005). Elterngespräche kompetent und professionell führen: Für Lehrerinnen, Kindergärtnerinnen, Horterzieherinnen, Wien: öbv & hpt.

Rothweiler, M. (2009). Über den Zusammenhang von Lexikon, Grammatik und Mehrsprachigkeit. Was kann Spracherwerbsforschung für die Praxis liefern? Sprachheilarbeit, 6, 246-254.

Sandrieser, P., Schneider, P. (2004). Stottern im Kindesalter. Stuttgart: Thieme.

Scharff-Rethfeld, W. (2013). Kindliche Mehrsprachigkeit. Stuttgart: Thieme.

Schelten-Cornish, S. (2008). Förderung der kindlichen Erzählfähigkeit. Geschichten erzählen mit Übungen und Spielen. Idstein: Schulz-Kirchner.

Schröder, A. (2010). Vergleichende Analyse interaktiver Erzählfähigkeiten bei sechsjährigen Kindern mit einer sogenannten spezifischen Sprachentwicklungsstörung und Kindern mit unauffälligem Spracherwerb. Saarbrücken: svh.

Schöler, H., Brunner, M. (2008). HASE. Heidelberger auditives Screening. 2. überarb. Aufl., Wertingen: Westra.

Siegmüller, J., Fröhling, A. (2010). PräSES-Konzept: Potenzial der Sprachförderung im Kita-Alltag. München: Elsevier GmbH.

Siraj-Blatchford, I., Sylva, K. (2004). Researching pedagogy in English pre-schools. British Educational Research Journal, 30(5), 713-730.

Sterzing, D. (2011). Präventive Programme für sozial benachteiligte Familien mit Kindern von 0–6 Jahren. München: DJI.

Suchodoletz, W. (2013). Ratgeber Sprech- und Sprachstörungen: Informationen für Betroffene, Eltern, Lehrer und Erzieher. Göttingen: Hogrefe.

Szagun, G. (2013). Sprachentwicklung beim Kind: ein Lehrbuch. 5. aktualisierte Ausgabe, Weinheim: Beltz.

Ulich, M., Mayr, T. (2006). SELDAK. Sprachentwicklung und Literacy bei deutschsprachig aufwachsenden Kindern. Freiburg: Herder.

Ulich, M., Mayr, T. (2003). SISMIK. Sprachverhalten und Interesse an Sprache bei Migrantenkindern in Kindertageseinrichtungen. Freiburg: Herder.

Wellman, H. M., Cross, D., Watson, J. (2001). Meta-Analysis of Theory-of-Mind Development: The Truth about False Belief. Child Development, 72(3), 655-684.

Wendlandt, W. (2010). Sprachstörungen im Kindesalter. Stuttgart. Thieme.

Whitehouse, A. J. O., Line, E. A., Watt, H. J., Bishop, D. V. M. (2009). Qualitative aspects of developmental language impairment relate to language and literacy outcome in adulthood. International Journal of Language & Communication Disorders, 44(4), 489-510.

Bücher zum Weiterlesen

Mehrsprachigkeit

Chilla, S., Fox-Boyer, A. (2012). Zweisprachigkeit/Bilingualität – Ein Ratgeber für Eltern. Idstein: Schulz-Kirchner.

Montanari, E. (2007). Mit zwei Sprachen groß werden. München: Kösel.

Montanari, E. (2007). Wie Kinder mehrsprachig aufwachsen. Frankfurt/M.: Brandes & Apsel.

Tracy, R. (2008). Wie Kinder Sprachen lernen. Und wie wir sie dabei unterstützen können. Tübingen: Narr Franke.

Sprachstörungen/Sprachentwicklung

Niebuhr-Siebert, S., Wiecha, U. (2012). Kindliche Sprach-, Sprech-, Stimm- und Schluckstörungen. München: Elsevier.

Schlesiger, C., Mühlhaus, M. (2011). Late Talker. Späte Sprecher. Wenn zweijährige Kinder noch nicht sprechen. Ein Ratgeber für Eltern sowie Sprachtherapeuten, Ärzte und Erzieher. Idstein: Schulz-Kirchner.

Keilmann, A., Brauer, T. (2008). So lernt mein Kind sprechen. Mit CD: Sprachstörungen erkennen – Sprachentwicklung fördern; Mit vielen Übungen und Sprachbeispielen. 2. Aufl., Idstein: Schulz-Kirchner.

Sprachförderung

Bröder, M. (2012). Sprachförderung in der Kita, ganzheitlich – individuell – integrativ. Freiburg: Herder.

Jampert, K., Best, P., Gießler, Ch. (2011). Kinder-Sprache stärken! Weimar: Verlag das netz. (umfangreiche Ideensammlung zur alltagsintegrierten Sprachförderung)

Ruberg, T., Rothweiler, M., Koch-Jensen, L. (2013). Spracherwerb und sprachliche Bildung. Köln: Bildungsverlag EINS.

Bilderbücher zur Sprachförderung

Mit wenig oder ohne Text zum selbst Erzählen (gut geeignet für das dialogische Bilderbuchbetrachten):

„Gute Nacht Gorilla" (Moritz Verlag)

„Die Torte ist weg: Eine spannende Verfolgungsjagd" (Moritz Verlag)

„Der Hühnerdieb" (Hammer Verlag)

„Was war hier bloß los?: Ein geheimnisvoller Spaziergang" (Beltz & Gelberg)

„Wie geht's weiter? Bilder & Geschichten zum Weiterspinnen" (Moritz Verlag)

Internetquellen

Sprachtherapie

http://www. dbl-ev.de

http://www.dbs-ev.de

http://www.logopaedieaustria.at

http://www.logopaedie-ooe.at/

http://www.logopaedie.ch/

http://www.zbl.ch/

http://www.logopaedieschweiz.ch/sal/geschichte.html

http://www.logopaedie-tg.ch

Ärzte

www.dgpp.de (Deutsche Gesellschaft für Phoniatrie und Pädaudiologie)

www.hno-aerzte-im-netz.de (Hals-Nasen-Ohren-Heilkunde)

www.kinderaerzte-im-netz.de (Deutscher Bundesverband der Kinder- und Jugendärzte)